Mit Beiträgen von

Achim Bröger
Georg Bydlinski
Josephine Hirsch
Susi Jahoda
Ingrid Lissow
Mira Lobe
Volker Ludwig
Monika Pelz
Evelyne Stein-Fischer
Renate Welsh
Eleonore Zuzak

Josef Palecek (Hrsg.)

WIR WERDEN IMMER GRÖSSER

Keiner bleibt so klein, wie er ist

VERLAG JUNGBRUNNEN WIEN MÜNCHEN

CIP-Kurztitelaufnahme der Deutschen Bibliothek

Wir werden immer größer / Josef Palecek (Hrsg.). –
Wien; München: Verlag Jungbrunnen, 1983.
  ISBN 3-7026-5563-8

NE: Palecek, Josef (Hrsg.)

Der Titel zu dem Buch wurde mit freundlicher Genehmigung von Verlag und Autor dem Gedicht »Wir werden immer größer« aus dem Stück »Ruhe im Karton« entnommen. Es ist erschienen in »Ruhe im Karton« © 1975 Verlag Heinrich Ellermann / Verlag der Autoren, München–Frankfurt.
© 1983 by Verlag Jungbrunnen, Wien–München. Alle Rechte vorbehalten. – Printed in Austria. Gesamtherstellung: Wiener Verlag, Himberg. 3 2 1

Volker Ludwig
Wir werden immer größer

Wir werden immer größer, jeden Tag ein Stück.
Wir werden immer größer, das ist ein Glück.
Große bleiben gleich oder schrumpeln ein:
Wir werden immer größer, ganz von allein.

Wir werden immer größer, das merkt jedes Schaf.
Wir werden immer größer – sogar im Schlaf.
Ganz egal ob's regnet, donnert oder schneit:
Wir werden immer größer und auch gescheit.

Wir werden immer größer, darin sind wir stur.
Wir werden immer größer in einer Tour.
Auch wenn man uns einsperrt oder uns verdrischt:
wir werden immer größer – da hilft alles nicht.

Evelyne Stein-Fischer
Georg ist schon groß

Seit zwei Wochen hat Georg einen eigenen Wohnungsschlüssel. Er ist jetzt schon ein großes Kind.
Und die Mama kann wieder ganztags arbeiten.
„Wenn der Georg neun ist, geh ich wieder ins Geschäft", hat sie immer zum Papa gesagt.

Die erste Woche hat Georg nicht gewußt: Soll er stolz sein, daß er einen eigenen Wohnungsschlüssel hat – oder traurig, weil die Mama nicht da ist?
Jetzt ist er beides.
Stolz und traurig. Traurig und stolz.
Wenn er den Schlüsselbund aus der Hosentasche zieht und den Schlüssel mit dem roten Plastikring ins Schloß stößt, kommt er sich wie ein Großer vor.
Aber sobald die Tür offen steht und er hineinkommt in die leere Wohnung, ist er wieder ein kleiner Georg. Einer, der sich ein bißchen fürchtet, weil es so still ist. Einer, der sich

noch wundert, daß die Mama wirklich nicht da ist.
Georg denkt: Die Leere in der Wohnung ist traurig leer.
„Guten Tag!" ruft Georg. Einfach so. Um sich erst einmal daran zu gewöhnen, daß keiner antwortet.

Er schleudert die Schultasche in eine Ecke, geht sich die Hände waschen. In der Küche kommt er sich wieder groß vor: weil er allein den Herd einschalten darf, um sich den Kakao zu wärmen.

.Er dreht das Radio an, damit er nicht so allein ist.

Jetzt ist er fast wie der Papa, wenn der spät von einer Vertretertour nach Hause kommt und die Mama schon schläft. Manchmal ist Georg dann aufgewacht und hat sich im Pyjama zum Vater in die Küche gesetzt. Das gab ihm das Gefühl, Papas Vertrauter zu sein: Sie beide allein – ohne daß es die Mama wußte... Aber *ganz* allein, das ist schon etwas anderes.

„Na, Georg", hat der Papa am dritten Schlüsseltag gefragt, „wie ist das, wenn man so ganz allein nach Hause kommt?"

„Toll", hat Georg geantwortet.

Aber warum ihm das herausgerutscht ist, weiß er selber nicht.

Vielleicht wollte er nur dem Papa beweisen, daß er schon ein Mann ist.

Die Mama ist hinter dem Papa gestanden und hat gesagt: „Bist ja schon ein großer Bub!

Letztes Jahr hätte ich mich noch nicht getraut, dich allein in der Wohnung zu lassen!"

Georg überlegt, was sich seit letztem Jahr geändert hat. Ist er wirklich größer geworden?
Für die Eltern schon. Aber für ihn selbst?
Stimmt. Er darf jetzt einen Judokurs besuchen. Und mit einem Freund ins Kino gehen.
Richtig erwachsen ist er sich vorgekommen, als er die Eintrittskarte an der Kasse gelöst hat. Mit dem eigenen Taschengeld! Na ja...
Judo – das ist Klasse.
Und ins Kino gehen ist lustig.
Aber allein nach Hause kommen und mit niemandem sprechen können, ist weniger schön.
Und wenn das Telefon läutet, hat Georg Angst, daß er nicht weiß, was er antworten soll. Oder, daß er den Namen schlecht versteht. Und daß er ihn nicht richtig für die Eltern aufschreiben kann, wenn sie fragen, wer angerufen hat. Und wenn es an der Tür läutet, ist es noch schlimmer.
„Daß du mir ja nicht zur Tür gehst!" haben Mama und Papa gesagt. „Egal, wer es ist: Du

gehst einfach nicht hin. Laß es läuten. Wenn der draußen merkt, daß niemand da ist, wird er schon von selber wieder gehen."
„Gut", hat Georg versprochen. Und geschluckt.
Er will nicht, daß jemand vor der Tür steht, den er nicht sehen kann.
Er will nicht, daß jemand läutet, der ihn nicht hören darf.
Die Eltern wiederholen es jeden Morgen: „Versprichst du?! Niemandem aufmachen! Du weißt ja, was so alles passiert!"

Georg weiß es.
Seit einer Woche traut er sich gar nicht mehr in die Zeitung schauen, die die Eltern im Wohnzimmer liegen lassen. Schon wieder ein Einbruch. Schon wieder ein Mord... Georg macht sich selbst Mut: „Bist jetzt ein großer Bub" – sagt er sich vor.
Die Mama sagt es.
Der Papa sagt es.
Nur Georg weiß es nicht.

Georg Bydlinski
Ein Haus an einem Nachmittag

Drei Mädchen schaun beim Fenster raus.
Drei Buben spielen vor dem Haus.
Drei Omas tun grad Häferlgucken.
Drei Opas üben Kirschkernspucken.

Alle Mütter und Väter
sind in der Fabrik
und kommen erst später
zurück.

Eleonore Zuzak
Alles wächst

Im Wald
wachsen Bäume.
Im Schlaf
wachsen Träume.

Im Garten
wächst Gras.
Im Spiel
wächst der Spaß.

Es wachsen
die Sätze,
die Wünsche
für Plätze.

Es wachsen
die Fische,
es wachsen
die Tische.

Es wachsen
die Kleider,
es wachsen
auch leider

die Sorgen
und Pflichten
mit den
Gedichten.

Achim Bröger
Miststück mit Glitzerzahn

Julia kommt aus dem Badezimmer. Die Zähne sind geputzt, jedenfalls ein bißchen. So zweimal zahnrauf, zahnrunter. Nochmal ins Wohnzimmer geguckt, was die Eltern gerade tun. Die sitzen in ihren Sesseln und hören Musik. Gucken dabei ernst vor sich hin. Sie wollen auf keinen Fall gestört werden. Das sieht man. Ein Wunder, daß sie Julia überhaupt bemerken.
Vater sagt nur: „In einer halben Stunde machst du das Licht aus."
Mutter nickt und wünscht: „Gute Nacht."
Wenn das kein Rausschmiß war. Und jetzt ab ins Bett.
Julia drückt den Türgriff ihres Zimmers. Kalt fühlt er sich an. So dreiviertel dunkel ist es im Kinderzimmer.
Gerade will sie das Licht anknipsen... da sieht sie was unterm Bett. Einen Schatten. Groß, dunkel und fast deutlich.
Erschrocken schließt sie die Tür.
Julia steht vor ihrem Zimmer und überlegt:„Ob

der Schatten unterm Bett vorkriecht? Ist er überhaupt noch da?"
Sie horcht, ihr Herz schlägt sehr aufgeregt.
Langsam öffnet sie die Tür. Gerade weit genug, daß sie zu ihrem Bett an der Wand gegenüber sehen kann.
Alles wie vorher im dunklen Zimmer. Der Schatten liegt da. Lang und bewegungslos. Sieht er nicht grünlich aus? Das ist doch ... Im Schatten glitzert was. Wie ein Zahn in einem riesigen Mund. Grünlich? Riesenmaul mit Zähnen? Natürlich ... jetzt weiß Julia, was unter ihrem Bett liegt und lauert. Ein Krokodil. Maul aufgerissen. Solche spitzen Zähne jede Menge. Und einer davon glitzert.
„Bist du endlich im Bett?" hört Julia ihren Vater aus dem Wohnzimmer.
„Nein!" ruft sie.
„Dann beeil dich", kommt es zurück.
Der hat leicht rufen! Die beiden hören gemütlich Musik. Und bei ihr liegt ein Biest unterm Bett. Wartet mit seinem scharfen Glitzerzahn. Da kann sie nicht einfach durchs Zimmer gehen und sich hinlegen. Bestimmt würde das Lauerbiest vorkommen und zuschnappen.

„Ich müßte Anlauf nehmen!" denkt sie. „Rennen und mit einem Satz von der Türschwelle ins Bett springen. Raketenschnell. Viel schneller als das so ein dummes Krokodil unter seinem grünen Schädel kapiert. Dann die Bettdecke über mich ziehen. Lieg ich erst im Bett,

kommt's bestimmt nicht mehr an mich ran. Aber vielleicht kann's schneller schnappen als denken? Hoffentlich nicht."
Von der Wohnungstür aus nimmt Julia Anlauf, den ganzen Flur. Rast auf ihr Zimmer zu. Stoppt allerdings im letzten Augenblick vor dem Springen. Der scharfe Zahn glitzert ihr entgegen.
Julia steht an der Türschwelle, starrt unter ihr Bett. Da ist es. Undeutlich zwar, trotzdem erkennt sie's. „Wenn ich das Licht anknipse, seh' ich das Biest genau!" stellt sie sich vor. Aber so sehr sie sich auch von der Türschwelle ins Zimmer streckt, den Lichtschalter erreicht sie nicht. Und weiter traut sie sich einfach nicht ins Zimmer. Sie muß ja sofort die Tür zuschlagen und wegrennen können.
Endlich hat sie eine Idee, wie sie ins Bett kommen könnte. Dazu braucht sie zwei Stühle. Die holt sie aus der Küche. Den ersten Stuhl will sie ein Stück weit ins Zimmer stellen und draufsteigen. Geschützt wie auf einer Insel wird sie da oben sein. So hoch schnappt das Biest bestimmt nicht. Den anderen Stuhl will sie vor sich halten. Zum Rachenstopfen, wenn das Biest ankommt. Als nächstes wird

sie den zweiten Stuhl noch näher ans Bett stellen und vom ersten rüber auf den zweiten steigen. Jetzt wird der erste Stuhl zum Rachenstopfer. So kommt sie von einer Insel zur anderen und in ihr Bett.
Schon schiebt sie einen Stuhl ins dunkle Zimmer. Da guckt das Biest. Macht solche Augen und grinst. Man sieht's zwar nicht richtig, aber Julia merkt es trotzdem. Es freut sich wohl, daß sie mit den Stühlen kommt. Wahrscheinlich will's vorkriechen, Stühle umschmeißen und ... schnapp!
Die Inselidee war doch nicht so gut. Also weg mit den Stühlen. Jetzt fällt auch noch einer um.
Der Krach ist wie ein Knopfdruck für Julias Mutter.
Sofort ruft sie: „Was polterst du denn?"
„Darum kümmern sie sich. Sollten mich lieber ins Bett gebracht, gut zugedeckt und das Krokodil unterm Bett verscheucht haben!" denkt Julia.
„Bettbeine absägen wäre prima", fällt ihr ein. Zack, ist das Vieh unterm Bett gefangen. Aber bestimmt guckt's nicht einfach zu, wenn Julia mit der Säge ankommt. Sie streckt dem Biest

die Zunge raus. Als Antwort zeigt es die Zähne. Alle. Puhh.
„Also gut ... ich werde verhandeln!" überlegt Julia. Mit allerliebster Verhandlungsstimme säuselt sie: „Kroko, paß auf. Laß mich ins Bett. Meine Eltern werden sauer, wenn ich nicht bald drinliege. Die sind so. Ehrlich. Komm, stell dich nicht an. Ich schenk dir auch was Schönes, oder ich sing dir was vor. Na ... wie ist das?"
Nichts ist. Es will nichts geschenkt oder gesungen haben. „Ich kann auch anders", droht Julia. Und denkt: „Überlisten. Aber wie?"
Halt! Ganz einfach! Hunger hat das Biest. Sonst würde es nicht daliegen und auf Julia warten. „Ich bring dir eine Scheibe Brot", bietet sie an. „Magst du Leberwurst oder Käse?"
Liegt unterm Bett im Dunkel und antwortet keinen Grunzer.
„Bist ein Fleischfresser, also gibt's Leberwurst", entscheidet Julia.
Eben hat's unterm Bett vorgenickt. Ist also einverstanden. „Gleich komm' ich wieder", sagt Julia. Leise in die Küche und die Brotmaschine angestellt. Die tut immer laut wie eine

Kreissäge. Das hört man bis ins Wohnzimmer. Und deswegen hört Julia ihren Vater.
„Warum liegst du immer noch nicht im Bett?"
„Weil ich Hunger hab", ruft Julia und schmiert Leberwurst auf das Brot. Ganz dick. Dabei fällt ihr ein: „Ich könnte das mit dem Biest unter meinem Bett ja auch meinen Eltern erzählen. Sollen's die vertreiben. Nein, lieber nicht. Bestimmt haut es ab, wenn sie ankommen, ist verschwunden. Und dann meinen sie, daß ich sie angeschwindelt hab. Außerdem will ich's alleine schaffen. So! Bin tarzanstark und katzenlistig. Werd doch wohl mit einem Krokodil unterm Bett fertig."
Und jetzt kommt die List. Das Leberwurstbrot hat Julia schon. Fehlt nur noch das Lasso. Als Wäscheleine hängt es im Besenschrank. Sie knüpft eine Schlinge hinein. Das Wäscheleinenlasso ist fertig.
„Ob das Kroko merkt, wenn ich vom Leberwurstbrot abbeiße?" überlegt Julia. „Nein, bei einem so großen Maul merkt es das nicht, wenn ein bißchen fehlt." Also beißt Julia ab. Dann geht sie mit Leberwurstbrot und Lasso zu ihrem Zimmer. Macht die Tür auf. Einen Augenblick hofft sie, daß das Biest weg wäre.

Ist es aber nicht.

Lasso listig hinterm Rücken versteckt. Das Leberwurstbrot zeigt Julia vor, sagt: „Wird dir schmecken!" Dann wirft sie es ins Zimmer. Leberwurstoben landet die Scheibe so halb unterm Stuhl.

Gleich schnappt das Biest danach. Julia ist ganz sicher. Im nächsten Augenblick wird sie ihm das Lasso über den verfressenen grünen Kopf werfen und zuziehen. Ganz fest und schnell will sie die Leine dann von außen um den Türgriff binden. Tür zugeworfen. Das Biest wird im Kinderzimmer zappeln und an der Leine fest hängen. „So fang ich's total und mit List. Danach hol ich die Eltern!" denkt Julia. „Die werden sich wundern, was ich schaffe, während sie Musik hören."

Das stellt sich Julia genau vor. In der Zwischenzeit steht sie mit dem Lasso hinterm Rücken da, guckt unter ihr Bett. Aber das Biest frißt nichts. Es hat sich sogar noch weiter unterm Bett verkrochen. Julia sieht es kaum.

„Jetzt losrasen und ins Bett springen!" denkt sie. Aber da knarrt es vom Bett her. Das Biest. Lauert immer noch und frißt nichts. Dummes Miststück mit Glitzerzahn.

Hat wohl keinen Appetit, jedenfalls nicht auf Leberwurst.
Die Lassolist ist also zwecklos. Trotzdem grinst Julia. Sie hat nämlich eine neue Idee. Die große Plastikbadewanne fällt ihr ein. Plastik schmeckt niemandem, auch keinem Krokodil. Julia wird sich hinhocken, das Plastikding über sich stülpen und von innen zuhalten. Darunter ist sie geschützt. Als rote Plastikschildkröte will sie zum Bett kriechen.
„Und wenn das Kroko angreift, spritz ich mit Mutters Parfüm!" nimmt sie sich vor. Das Zeug duftet nicht. Es stinkt so, daß das Biest verduften wird. Prima Idee.
Die Plastikwanne steht in der Küche. Voller Wasser und Wäsche. Der schöne Plan ist im Eimer. Und jetzt hört Julia auch noch ihre Mutter: „Du tappst ja immer noch rum. Was ist denn heute mit dir los?"
„Muß aufs Klo", sagt Julia. Gleich darauf zieht sie sogar die Klospülung, damit es für die Eltern echt klingt.
Ob es überhaupt noch daliegt, das Biest? Erst mal nachsehen.
In Julias Zimmer ist es gerade ziemlich hell. Ein Auto fährt unten vorbei.

Seine Lampen werfen Licht an Julias Wand. Das Biest hat sich verkrochen. Ist ziemlich lichtscheu. Julia sieht es gar nicht mehr.
Die Gelegenheit! Schnell zurück bis zur Flurtür. Anlauf. Schneller. Julia rennt flurrunter aufs Kinderzimmer und die weit offene Tür zu. Bloß nicht nochmal stoppen. Kurz hinter der Türschwelle springt sie. Ein Riesensatz. Mitten ins Bett rein, daß es kracht.
Beißt das Biest? Nein, aber geschnappt hat es. Da war so ein Geräusch.
Julia liegt wirklich in ihrem Bett. Das kann sie kaum glauben. Erst mal nicht rühren. Sie hört nach unten, zum Biest. Hört mit Riesenherzklopfen. Dort lauert es. Aber sie ist hier in Sicherheit. Ganz bestimmt.
Das tut unterm Bett so, als wär's nicht mehr da. Julia zieht die Decke hoch, drückt sich an die Wand. Nur nicht die Hand raushängen lassen.
Es ist so merkwürdig ruhig. „Kroko", lockt sie es. Vielleicht gibt es ja Antwort: „Du ... Kroko ... ich erzähl dir was ... wir könnten in den Zoo fahren. Wir beide. Zu deiner Verwandtschaft. Aber ich komm nur mit, wenn du mich nicht beißt. Mußt du versprechen."

Aber das Biest verspricht nichts. Kein Wunder. Auf dem Flur kommen Schritte... ihr Vater. Endlich läßt sich einer von den Eltern blicken. Er knipst das Licht an. „Du sollst nicht ins Bett hüpfen!" sagt er. Sie will ihn warnen. „Das Biest...", fängt sie schon an. Aber er redet weiter: „Wenn du ins Bett gehst, klingt das, als würde eine Bombe einschlagen. Und es hat heute ja wieder unheimlich lange gedauert", sagt er.

Dann streichelt er ihr über den Kopf und wünscht: „Schlaf gut!"
„Werd's versuchen", sagt Julia. „Laß das Licht noch an." Erzählen will sie ihm heute nicht mehr, wie das vorhin war. Vielleicht morgen.
Er ist draußen. Vorsichtig guckt Julia unter ihr Bett. Nein, das Biest liegt und lauert nicht mehr. Blitzschnell muß es verschwunden sein, als ihr Vater reinkam. Zum Glück hat er das Leberwurstbrot auf dem Boden übersehen. Sie holt sichs. Sieht gut aus.
Julia setzt sich auf die Bettkante und futtert Leberwurstbrot. Eigentlich will sie ihre Beine einfach baumeln lassen. Das tut sie dann aber lieber doch nicht. Beine anziehen ist sicherer. Man weiß ja nie, ob so ein Biest nicht nochmal auftaucht und plötzlich zuschnappt.

Evelyne Stein-Fischer
Der Apfelbaum

Am liebsten spielt Markus in seinem Garten. Manchmal sind auch Andreas und Sabine da. Sie wohnen im gleichen Haus. Trotzdem ist es der Garten von Markus. Da steht *seine* selbstgebaute Hundehütte, für den Hund, den er noch immer nicht bekommen hat. Da ist *sein* Indianerpferd! Da ist *sein* Versteck gleich hinter dem ...
Aber das ist *sein* Geheimnis.
Das einzige, was ihm fehlt, ist ein Baum. Ein Obstbaum.
Ein Marillen-, Pfirsich- oder Kirschbaum.
Ein Zwetschken-, Birnen- oder Apfelbaum.
Wenn Markus Hunger hat, müßte er dann nur den Arm ausstrecken, und „zack" – könnte er in einen saftigen Apfel beißen. Wenn Markus Hunger hat, müßte er nicht erst bis in den fünften Stock hinauflaufen.
Aber der einzige Apfelbaum, der in der Nähe ist, steht im Nachbargarten. Die paar Äste, die über den Zaun hängen, wachsen viel zu hoch.

Letzten Sommer hat es Markus versucht. Hopp! Und noch einmal: Hopp! Aber er hat immer nur in die Luft gegriffen. Einmal hat er ein halbes Blatt abgerissen. Ein anderes Mal einen Zweig zwischen den Fingern behalten. Aber die Äpfel hat er nicht erwischt.

Sabine und Andreas sind noch etwas kleiner als er.
Sie sind neben ihm gestanden und haben beide ganz laut: „Jetzt!" in den Baum hinaufgeschrien.
Aber auch das doppelte „Jetzt!" hat Markus nicht bis zu den Äpfeln gebracht.
Sogar einen dicken Stein hatten die Kinder angeschleppt und sich darauf gestellt. Auf den Zehenspitzen stehend, hatten sie versucht, das Gleichgewicht zu halten und den Arm hochzustrecken, als wollten sie gleich ein Stück vom Himmel mit herunterholen. Aber die Äpfel waren immer ein Stückchen höher als ihr Arm. – „Nächsten Sommer schaffe ich es vielleicht", hatte Markus gedacht. „Dann bin ich sicher ein Stück gewachsen. Dann hole ich mir meine Jause gleich vom Baum!"

Ein Jahr ist vergangen.
„Wer gewinnt? Du oder ich?" sagt Markus zum Apfelbaum und pirscht sich heran. Hoffentlich kommen jetzt nicht Sabine und Andreas in den Garten. Markus will seinen ersten Apfel allein essen. Von *seinem* Apfelbaum, in *seinem* Garten. Jedenfalls von dem Apfelbaum-Stück, das über den Zaun wächst.

Und wenn Markus es geschafft hat, wird er den zweiten Apfel mit Andreas und Sabine teilen.

Markus steht unter dem Gewirr von Zweigen und Blättern. Die Äpfel locken rot und grün und honiggelb.
Markus geht in die Hocke.
Er duckt sich wie eine Katze.
Er setzt zum Sprung an . . .
Hoch wirft es den Körper in die Luft.
Er hat ihn! Voll und rund liegt der Apfel in der Markushand. Markus lacht in den Baum hinein. Dann schaut er zu den Fenstern im fünften Stock. „Ätsch!" sagt Markus. „Jetzt hab ich, was ich brauch im Garten!"
Plötzlich hört Markus Rascheln. Das Rascheln sind Schritte. Schritte im Nachbargarten. „Prscht, Prscht", fährt es durch das Gras. Zwischen den Holzlatten sieht Markus die Nachbarin auf sich zukommen. Ein altes, gebücktes Weiblein, mit einem roten Kopftuch, aus dem graue, struppige Haarbüschel hervorschauen. Mit einer Hand umklammert die Alte eine lange Holzstange mit einem großen Haken. Markus kennt die Nachbarin nur vom Sehen.

Vorsichtig macht er einen Schritt zurück, will sich davonschleichen.
„Gleich wird sie keppeln!" denkt Markus.
Böse, wie die ausschaut!
„Alte Hexe!" denkt Markus.
„Aber den Apfel geb ich nicht mehr her!"

Die alte Frau bleibt dicht vor dem Zaun stehen, hebt den Kopf, schaut Markus über die Holzplanken hinweg an. „Na, Burli", sagt sie und lächelt. „Wennst mehr Äpferl willst, brauchst dich nicht so zu plagen. Schau! Mit der Stange da gehts leichter!"
Markus rührt sich nicht.
Er bringt kein Wort hervor.
Statt der Schimpfer hat er Hilfe bekommen.
Die Nachbarin will ihm sogar noch mehr Äpfel herunterholen.
„Da!" sagt sie. „Schau!" Geschickt fährt sie mit der langen Stange in die Äste, umfaßt mit dem Haken die Stengel und reißt die Früchte ab.
Einer nach dem anderen purzeln die Äpfel ins Gras. Die Alte bückt sich, klaubt sie auf, legt sie in ihre Schürze und reicht sie Markus über den Zaun.

„Danke", sagt Markus. Er ist noch immer ein bißchen verlegen, weil er die nette Nachbarin für eine böse Alte gehalten hat.
„Schmeckts?" fragt sie.
Erst jetzt beißt Markus kräftig in das saftige Fruchtfleisch.
„Mmhhhh", sagt er. „Sehr gut."
Markus bedankt sich noch einmal. Die Nachbarin winkt ihm zu und geht wieder zurück zu ihrem Haus.
So einfach ist das also mit dem Apfelbaum, überlegt Markus. Da hat sich das Wachsen gar nicht gelohnt.
Und ich hätte mir schon lange das Treppensteigen ersparen können.
Plötzlich dreht sich die Nachbarin um und ruft: „Kannst dir alles, was auf deiner Seite wächst, runterholen. Mußt halt kräftig springen. Wenns gar nicht geht, borg ich dir die Stange."
Aber die Stange will Markus nicht.
Er will jedes Jahr sehen, ob er wieder ein Stück gewachsen ist. Bis er vielleicht gar nicht mehr zu springen braucht.
Aber nein. So groß will er auch wieder nicht werden.

Susi Jahoda
Ich bin ein frecher Fratz

Es gibt die Frau Berger.
Dort, wo wir im Sommer immer sind.
Die Claudia hat nämlich keinen Vati, und ihre Mutti geht arbeiten. Deshalb ist die Frau Berger da und paßt auf die Claudia auf.
Mir wäre lieber, es gäbe die Frau Berger nicht.
„Du bist ein frecher Fratz!" sagt sie manchmal zu mir.
Und: „Verdirb mir nicht die Claudia!"
Einmal hat sie sogar gesagt, meine Mutti kann einem leid tun – mit mir als Kind.
Das hab ich alles meiner Mutti erzählt. Die war dann ziemlich wütend.
„Ich will nur dich als Kind!" hat sie geschrien.
„Und wenn der Berger an dir was nicht paßt, dann soll sie es gefälligst *mir* sagen!"
Genau so hab ich es der Frau Berger ausgerichtet:
„Wenn Ihnen was an mir nicht paßt, dann sagen Sie es gefälligst meiner Mutti!"

Das hat sie getan, die Frau Berger. Heute.
Am Vormittag bin ich noch mit der Claudia im Schwimmbad gewesen. Wir haben miteinander eine Kabine gehabt. Unsere Badeanzüge waren naß und klebrig. Weil in der Kabine wenig Platz war, hab ich mich zum Umziehen auf den Boden gesetzt. Als ich wieder aufgestanden bin, hat man einen nassen, runden Popo-Abdruck sehen können.
„Hi hi", hat die Claudia gekichert und mit der großen Zehe auf den Popo-Abdruck getupft. „Da kommen die kleinen Kinder heraus."
„Klar. Ich weiß das", hab ich gesagt. „Und vorher sind sie neun Monate drin."
Die Claudia hat mich ungläubig angeschaut.
„Ehrlich wahr. Die wachsen da drin."
„Wo drin?"
„Im Bauch natürlich. Im Bauch von der Mutti!"
„Und das dauert neun Monate?"
„Ja", hab ich gesagt. „Und bei Pferden, da dauert es fast ein Jahr."
„Wusch!" – Die Claudia hat die Augen aufgerissen.
„Nur Mäusekinder sind schneller. Die schaffen es in drei Wochen!" – Ich weiß das genau, denn das hat mir alles meine Mutti erzählt.

„Und wie ist es mit den Flohkindern?" hat die Claudia wissen wollen. „Wachsen die vielleicht in fünf Minuten?" Das hab ich nicht gewußt. Keine blasse Ahnung hab ich von Flohkindern und wo sie wachsen und wie das mit ihren Muttis ist.

Nach dem Mittagessen gehe ich zur Nußbaum-Schaukel.

Dort sind immer Kinder.
Komisch! Kaum sieht mich die Claudia, verzieht sie ihr Gesicht, dreht sich um und geht weg.
Die anderen Kinder tuscheln miteinander, schauen auf mich, tuscheln weiter und lachen blöd.
„Ich muß was lesen", sagt eines und rennt ins Haus.
„Bestimmt kommt gleich ein Gewitter", sagt ein anderes und verschwindet hinter dem Zaun.
„Meine Oma hat gesagt, ich soll nicht zu viel schaukeln; das ist ungesund", sagt das vorletzte und verdrückt sich.
Nur der kleine Franzi vom Bauernhof bleibt da, sitzt auf der Schaukel und schlenkert mit den Beinen.
„Diese Deppen", sagt er.
„Was haben die denn?" frage ich.
„Die dürfen nicht mehr mit dir spielen. Die sagen, du bist ordinär. Unanständig. Gefährlich für kleine Kinder."
Ich?
Wieso ich?
Was hab ich denn getan?

Beim Nachtmahl schaut die Mutti zum Fenster hinaus.
Ihre Augen sind heute ganz rot.
„Daß du mich so traurig machst!" sagt sie nach einer Weile und beißt in ihr Butterbrot.
„Daß du mich so enttäuschst!"
Was haben heute alle?
„Schämst du dich denn gar nicht?" fragt sie mich und schneuzt sich.
Natürlich schäme ich mich. Sehr sogar.
„Wie kannst du nur sowas machen?" – Langsam kaut sie an einem Stück von dem scharfen Käse.
Ich fühle das schlechte Gewissen. Es zwickt mich im Bauch. Es drückt mich im Hals. Es tut mir sehr weh.
„Sei nicht bös, Mutti. Sei wieder gut mit mir."
Bei meiner Mutti geht das nicht so schnell.
Ich warte ein bißchen. Dann trau ich mich wieder zu reden: „Was hab ich denn überhaupt angestellt?"
Meine Mutti sieht mich an.
„Das weißt du nicht?"
Ich schüttle den Kopf.
„Bist du sicher?"
Ich nicke.

Da erzählt meine Mutti, daß die Frau Berger gesagt hat, sie will ab sofort die Claudia vor mir schützen. Sie will auch die Eltern der anderen Kinder warnen. Vor mir. Denn ich bin ein ganz ordinärer, grauslicher Fratz, ein frecher, hat sie gesagt. Tagein, tagaus, immer und immer erzähle ich kleinen, unschuldigen Mädchen vom Kinderkriegen, hat sie gesagt. Ob die das hören wollen oder nicht!
Ich fürchte mich vor der Frau Berger.
Meine Mutti legt das Butterbrot auf den Teller.
„Was hast du der Claudia im Schwimmbad eigentlich erzählt?" fragt sie, und ihre Stimme klingt heiser.
„Das mit den Babys!" schreie ich. „Und das mit den Mäusekindern und den Pferdekindern in den Bäuchen drin!" Auf mein Butterbrot tropfen Tränen. „Aber mit den Flohkindern hab ich mich nicht ausgekannt. Ich kann doch nichts dafür!"
Meine Mutti schaut mir in die Augen.
„Da hab ich dir ja unrecht getan!"
Sie streicht mir ein frisches Brot und legt viel Wurst und drei Gurkerln und sechs Tomatenscheiben und keinen scharfen Käse darauf.

„Du kannst einem leid tun", sagt sie leise. „Mit mir als Mutti."
„Nein, nein!" rufe ich. Ganz fest drücke ich meine Wange an ihr Ohr. Ganz fest wische ich meine Nase an ihren Haaren ab.
„Ich will nur dich als Mutti. Und die Berger, die soll uns gern haben!"
Dann mache ich mich rund und klein und lehne mich an meine Mutti. So, als wäre ich tief drinnen in ihrem Bauch.
Die Mutti legt ihre Arme um mich, und mir wird ganz warm.
„Weißt du", flüstert sie mir ins Ohr, „weißt du, was ich glaube? Die Frau Berger und die Claudia, die können nicht so gut miteinander reden wie du und ich."

Mira Lobe
Die Wette

Mein Freund Konrad und ich haben gewettet: Er sagt, er traut sich auf den hohen Baum zu klettern, der in seinem Garten steht.
Ich sage: „Du traust dich nicht!"
„Komm heute nachmittag zu mir, dann wirst du schon sehen. Um was wetten wir? Um deinen Radiergummi?"
„Meinen Radiergummi brauche ich selbst!"
„Na gut", sagt er, „dann wetten wir um gar nichts."
Am Nachmittag gehe ich in Konrads Garten. Wer sitzt oben auf dem Baum? Konrad!
„Du hast gewonnen!" rufe ich hinauf.
Dann schneide ich meinen Radiergummi mit dem Taschenmesser mitten durch.
Eine Hälfte ist für Konrad, die andere bleibt für mich.

Georg Bydlinski
Andrea malt

Mit zerzausten Haaren und angespanntem Gesicht saß Andrea vor ihrem Zeichenblock und malte. Die Zunge schaute zwischen ihren Lippen hervor, die Finger waren wasserfarbenbunt, aber das alles merkte Andrea nicht. Sie war ganz bei der Sache.
Andrea malte einen Vollmond. Gelb der Mond, schwarz die Nacht. Als sie mit dem letzten Pinselstrich fertig war, riß sie das Blatt aus dem Block heraus und zeigte es stolz ihrem Vater.

Andrea dachte: „Jetzt wird er sagen: Du bist eine echte Malerin!"
Der Vater nahm das Bild, betrachtete es, nickte mehrmals mit dem Kopf und sagte:

„Den Apfel hast du ja recht gut getroffen, aber du hast den Stengel vergessen ..."
Andrea ärgerte sich.
Andrea ärgerte sich nicht nur grün und blau, sondern alle Farben ihres Farbkastens durch.
Ein Mond mit Stengel? Lächerlich!
Andrea malte einen Laubbaum.
Der Vater sagte: „Ein schöner Staubwedel!"

Andrea malte ein flaches Haus mit rauchendem Kamin.
Der Vater bewunderte vor allem den Schornstein des Dampfers.

Andrea malte einen Apfel.
Der Vater sagte: „Nichts geht über eine klare Vollmondnacht!"

Andrea malte sich selbst.
Der Vater staunte, daß seine Tochter schon so gut Personen malen konnte. „Aber warum hast du nicht Mutti oder mich gezeichnet", fragte er, „sondern ausgerechnet die Tante Mizzi?"

Andrea hat aufgehört zu malen.
Andrea hat eine neue Lieblingsbeschäftigung gefunden.
Jetzt spuckt sie mit Vorliebe Kirschenkerne in der Wohnung herum.

Monika Pelz
Winz Willi Winzig

Winz Willi Winzig lebte in einem Dorf. Das war ein winzig-kleines Dorf. Es hatte eine Kirche, einen Kaufmann, eine Tankstelle, einen Tierarzt. Und einen Fleischer.
Winz Willi Winzig war ein stilles Kind, vielleicht, weil alle Leute größer waren als er. Seine Brüder waren viel größer. Und viel lauter! Selbst seine jüngere Schwester Heide wuchs und wuchs und wuchs, bis sie Winz Willi Winzig über den Kopf gewachsen war.
„Du wirst eben nicht größer!" sagten die Leute zu Winz Willi. Nur seine Mutter sagte:

„Natürlich wirst du größer, wie alle anderen Kinder! Jeden Tag ein Stückchen! Es geht halt nur sehr langsam, und darum merkst du es kaum!"
„Das glaub ich nicht!" sagte Winz Willi Winzig. „Ich werde nie größer!"
„Dann werde ich dich trotzdem liebhaben!" sagte seine Mutter. „Und wenn du dein Leben lang klein bleibst! Ich hab dich genauso lieb, als wärst du ein Riese! Den allergrößten Riesen könnte ich nicht lieber haben."
Winz Willi hatte seine Mutter auch lieb. Er hatte seinen Vater lieb. Und seine Brüder. Selbst seine Schwester Heide, die ihm über den Kopf gewachsen war.
Winz Willi mochte auch die anderen Leute im Dorf: den alten Küster, der auf die Kirche aufpaßte und die Glocken läutete. Winz Willi mochte den Kaufmann, der ihm immer Lutschbonbons schenkte. Auch den großen Will von der Tankstelle konnte er gut leiden. Und den freundlichen Tierarzt. Und den dikken Fleischermeister. Und sogar den Hund vom Fleischer.
Der Hund hieß Mohr. Alle anderen fürchteten sich ein bißchen vor Mohr. Denn er war

der allergrößte Hund auf der ganzen Welt. Aber wenn Winz Willi Winzig die Straße entlang kam, wedelte Mohr mit dem Schweif und legte sich auf den Boden, damit er nicht mehr allzu groß war.

Winz Willi hatte sie alle gern. Aber, wißt ihr, wen er am liebsten hatte? Die kleinen schwarzen Schnecken, die über die Wege krochen, wenn es geregnet hatte. Das waren seine Lieblinge! Winz Willi fand sie wunderschön. Und die allerschönsten schwarzen Schnecken nahm er sogar mit nach Hause. Er hatte einen Karton mit Moos ausgepolstert. Dort setzte er die Schnecken hinein und fütterte sie mit frischen Blättern.

Erst hatte er drei Schnecken, dann fünf, dann sechs, dann sieben. Und eines Tages hatte Winz Willi Winzig zehn schwarze Schnecken in seinem Karton.

Da wurde es seiner Mutter zu bunt.

„Winz Willi!" rief sie streng. „Jetzt ist aber Schluß mit den Schnecken! Du trägst sie wieder dorthin zurück, wo du sie hergeholt hast!"

„Nein, nein, nein!" schrie Winz Willi. „Ich geb meine Schnecken nicht fort!"

Die Mutter seufzte und schüttelte ratlos den Kopf.
Die großen Brüder guckten neugierig in den Karton. „Das sind ja ganz kümmerliche, nackte Schnecken! Die haben ja nicht einmal ein Haus auf dem Rücken!"
„Das brauchen sie auch nicht!" sagte Winz Willi. „Mein Karton, das ist ihr Haus!"
„Iii! So häßliche Schnecken!" rief seine Schwester Heide, die ihm über den Kopf gewachsen war.
„Ich mag sie aber!" sagte Winz Willi.
Das konnte keiner verstehen.

„Wie kann man nur Schnecken mögen? So grausliche, gruslige, quabblige, schwabblige Schnecken!"
„Aber sie sind so schön schwarz!" sagte Winz Willi Winzig.
„Er mag sie, weil sie schwarz sind! Nur weil sie schwarz sind, hat er die Schnecken gern!"
„Und was ist mit der schwarzen Katze Dora, die dem Kaufmann gehört? Oder mit Koko, dem schwarzen Raben vom Tierarzt? Koko kann sogar sprechen!"
„Oder der Mohr vom Fleischer? Der ist ja auch schwarz wie die Nacht! Was ist mit den schwarzen Kühen auf der Weide? Und den vielen Schafen auf der Wiese, mit ihren lustigen, schwarzen Gesichtern?"
„Ich mag sie ja alle!" sagte Winz Willi Winzig. „Die Katze Dora, den Raben Koko und den großen Mohr! Aber meine kleinen schwarzen Schnecken mag ich am aller-allerliebsten!"
Seine Geschwister lachten ihn aus und tippten sich mit dem Finger an die Stirn. Und die Mutter sagte: „Du trägst die Schnecken jetzt in den Wald und läßt sie dort frei! Und daß du mir nicht mit einer einzigen Schnecke nach Hause kommst! Verstanden?"

Winz Willi Winzig nickte. Dann nahm er den großen Karton mit beiden Händen und ging. Draußen schien die Sonne. Aber für Winz Willi war alles düster und grau.
Der Küster ging vorüber. Er trug frische Blumen in die Kirche. „Grüß dich, Winz Willi Winzig!" rief er freundlich. Winz Willi hatte den Kopf gesenkt und hörte den Gruß des Küsters gar nicht.
„Hallo, Winz Willi! Wie wärs mit ein paar sauren Drops?" sagte der Kaufmann, als Winz Willi an seinem Laden vorbeikam. Aber Winz Willi merkte es gar nicht.
„He, Kleiner!" rief der große Will von der Tankstelle und wunderte sich, als Winz Willi ihm nicht zuwinkte, wie sonst immer.
Tüt! Tüt! hupte der Tierarzt, als er mit seinem Auto vorüberfuhr. Winz Willi blickte nicht einmal auf. Er hielt den Karton fest und schaute nicht links und nicht rechts.
Er sah nicht, daß Mohr mit dem Schweif wedelte und sich auf die Straße legte, damit er nicht allzu groß war für Winz Willi. Winz Willi ging an dem großen Hund vorüber, ohne ihm das Fell zu kraulen. Und Mohr blickte Winz Willi enttäuscht nach und machte „Wuff".

Winz Willi ging immer weiter, ging hinaus aus dem Dorf. Er kam an der schwarzen Katze Dora vorbei, die auf der Friedhofsmauer saß und sich ihr glänzendes Fell putzte. Dora blinzelte Winz Willi freundlich zu. Aber er schenkte ihr keinen Blick.

Auf der Dorfweide standen die schwarzen Kühe und kauten langsam ihr Gras. Willi beachtete sie nicht. Nein, die waren lang nicht so schön wie seine Schnecken!

Er kümmerte sich auch nicht um die dicken Schafe, die ihm ihre schwarzen Gesichter zuwandten und „Määäh" machten.
„Ich mag euch alle nicht! Ich mag nur meine schwarzen Schnecken! Aber die darf ich nicht behalten, und deshalb werde ich nie wieder froh sein!"
„Nie! Nie!" dachte Winz Willi Winzig. „Nie! Nie!" bei jedem Schritt.
Und so ging Winz Willi Winzig an den Wiesen und Feldern vorüber und dann in den Wald hinein.
Im Wald war es schon viel dunkler als draußen. Der Abend war gekommen. Und allmählich kam auch die Nacht.
Aber Winz Willi Winzig fürchtete sich gar nicht im Wald. Er war viel zu betrübt, um sich zu fürchten. Und so ging er immer weiter und weiter.
„Es ist sicher schon sehr spät!" dachte er. „Und ich muß nach Hause zurück! Aber vorher muß ich die Schnecken freilassen. Und dazu muß ich erst eine wirklich schöne Stelle finden! Einen Platz, wo es ihnen gut geht! Weiches Moos und ein paar Pilze zum Knabbern!"

Winz Willi Winzig ging und ging. Aber er konnte einfach keine Stelle im Wald finden, die gut genug für für seine Schnecken gewesen wäre!
Schließlich war es zu dunkel geworden, um überhaupt noch etwas zu sehen.
Winz Willi setzte sich unter einen Baum. Den Karton hielt er auf seinem Schoß. Er war vom langen Laufen so müde geworden, daß er gleich einschlief.
Winz Willi Winzig träumte. Und im Traum kam es ihm vor, als ob er die Schnecken mit leiser Stimme rufen hörte: „Winz Willi! Mach den Karton auf!"
Winz Willi öffnete sofort den Deckel. Zu seinem größten Erstaunen waren die Schnekken auf einmal gar nicht mehr schwarz. Sie hatten leuchtende Farben! Purpurrot und smaragdgrün und golden und pfauenblau! Ihre Farben strahlten so, daß es um sie ganz hell war.

Winz Willi betrachtete sie voll Bewunderung. Die grünschimmernde Schnecke sagte zu ihm: „Nun müssen wir dich verlassen, Winz Willi, und heimkehren!"
„Heimkehren?" fragte Winz Willi erstaunt. „Ja, habt ihr denn ein Haus?"
„Wir haben ein wunderbares Haus! Es ist ein Palast aus Kristall!" sagten die Schnecken mit ihren zarten Stimmen. „Willst du mit uns kommen und ihn dir ansehen?"
„Klar will ich mir euren Palast ansehen!" rief Winz Willi. „Aber sagt, warum seid ihr auf einmal so bunt?"
Die Schnecken lachten leise. Das klang wie silberne Glöckchen. „In der Nacht haben wir die schönsten Farben! Aber das weiß niemand, außer dir! Jetzt komm! Wir müssen uns beeilen! Schnell, schnell, Winz Willi Winzig! Lauf uns nach!"
Und die leuchtend bunten Schnecken erhoben sich in die Luft. Denn auf einmal hatten sie Flügel, als wären sie Schmetterlinge – oder Elfen.
Sie flatterten auf dem Weg voran. Und um sie her war der Wald so hell, daß Winz Willi mühelos folgen konnte.

Die Elfenschnecken flogen den Weg zurück, auf dem Winz Willi hergekommen war.
Sie kamen an den Schafen vorüber, die jetzt fest schliefen. Auch die schwarzen Kühe und Kälber hatten sich längst zur Ruhe gelegt.
Dora, die Kaufmannskatze, saß immer noch auf der Mauer. Aber sie rührte sich nicht. Sie blinzelte nicht einmal, als Winz Willi an ihr vorbeikam.

Mohr, der große Hund, lag mitten auf der Straße. Aber er wedelte nicht mit dem Schweif, als er Winz Willi kommen sah. Der

Tierarzt stand im Garten, der Rabe Koko saß auf seiner Schulter. Beide waren ganz still. Beide waren ganz schwarz. „Sie sehen so schwarz aus, weil Nacht ist!" dachte Winz Willi. „In der Nacht sehen alle schwarz aus. Nur meine wunderschönen Schnecken nicht! Die sind jetzt bunt und leuchten wie Lampions! Wenn die andern sie nur sehen!"

Der große Will von der Tankstelle lehnte an der Zapfsäule, wie immer. „He!" rief Winz Willi zu ihm hinüber. Aber diesmal rief Will nicht zurück: „He, Kleiner!" Der große Will drehte nicht einmal den Kopf. Er lehnte nur da wie ein Schatten.

Auch der Kaufmann war noch nicht schlafen gegangen. Er stand vor seinem Laden. Sein weißer Mantel sah ganz schwarz aus. Der Kaufmann rührte sich ebenfalls nicht, als Winz Willi kam, und er bot ihm diesmal keine sauren Drops an.

„Ist er denn böse auf mich?" dachte Winz Willi. „Ist auch der große Will böse auf mich?"

Winz Willi wunderte sich gar nicht mehr, als auch der schwarzgekleidete Küster ihn nicht grüßte. Alle schienen böse auf ihn zu sein.

„Dabei hätte ich ihnen so gern die Schnecken gezeigt! Jetzt kann sie keiner mehr häßlich nennen! Oder grauslich und gruslig oder quabblig und schwabblig!"
Winz Willi kam zum Haus, in dem er wohnte. Schnell lief er hinein.
„Mama! Papa! Kommt heraus! Seht euch meine Schnecken an! Sie leuchten in allen Farben! Sie schweben durch die Luft wie Elfen! Sie fliegen zu ihrem Palast!"
Winz Willi sah seine Eltern und Geschwister im Zimmer stehen. Aber sie bewegten sich nicht. Sie rührten und regten sich nicht. Und alle waren sie schwarz. Selbst das blonde Haar seiner Schwester Heide war rabenschwarz geworden.
Da erkannte Winz Willi endlich, daß alle im Dorf verzaubert waren. Daß alle schwarz geworden waren.

Als er ganz genau hinguckte, erkannte er: Sie bewegten sich zwar, aber das ging so langsam vor sich, daß man es kaum bemerkte.

„Komm, komm! Lieber Winz Willi Winzig!" hörte er die Elfenschnecken draußen zirpen. „Komm mit uns! Wir zeigen dir unseren Palast!"

„Erst müßt ihr mir sagen, wie meine Eltern wieder zurückverwandelt werden können! Und meine Brüder und meine Schwester! Auch der Küster und der Kaufmann und der große Will sind ja verzaubert! Und der Tierarzt! Alle müssen zurückverwandelt werden!"

Die Elfenschnecken lachten. „Nun sehen die anderen einmal, wie es ist, schwarz, stumm und langsam zu sein!" riefen sie spöttisch.

„Bitte, bitte, zaubert sie zurück!" bat Winz Willi. „So können sie ja nicht bleiben!"

„Wir zaubern sie wieder zurück!" sagten die Elfenschnecken. „Doch es hat keine Eile! Erst wollen wir zu unserem Palast!"

„Nein, erst müßt ihr alle zurückzaubern!" rief Winz Willi Winzig trotzig. Und er setzte sich auf den Boden, um ihnen zu zeigen, daß er nicht mitgehen wollte. Die Elfenschnecken aber lachten nur und flogen weiter.

Ihre silbernen Stimmchen verklangen. Ihr Licht schimmerte noch eine Weile in der Ferne, dann war es verschwunden.
Und überall war schwarze Nacht.
„He, Winz Willi!" schrie plötzlich jemand. „Was machst du denn da?" Eine Taschenlampe leuchtete ihm ins Gesicht. Winz Willi Winzig blinzelte. Schwarze Gestalten standen vor ihm: der große Will und der Doktor und der Kaufmann, sogar der Küster! Und auch der Fleischermeister mit seinem Hund Mohr. Mohr wedelte mit dem Schweif und winselte. Er wollte Winz Willi das Gesicht abschlecken. Winz Willi blickte auf seinen Vater, der die Taschenlampe schwenkte.
„Ihr könnt euch ja alle wieder bewegen!" sagte er erstaunt.

„Du hast uns einen schönen Schreck eingejagt!" sagte sein Vater. „Einfach so davonzulaufen! Stundenlang haben wir dich gesucht!"
„Ich wollte doch nur einen schönen Platz für meine Schnecken finden", murmelte Winz Willi.
„Und die haben sich inzwischen selbst einen Platz gesucht!" sagte der Tierarzt. Er zeigte auf den leeren Karton, der umgekippt auf dem Waldboden lag. Der Deckel war heruntergefallen.
„Die Schnecken sind zu ihrem Palast geflogen!" erklärte Winz Willi den anderen. „Und sie sind in Wirklichkeit gar nicht schwarz! In der Nacht werden sie alle bunt! Sie leuchten in allen Farben und haben Elfenflügel!"
Der Vater strich ihm übers Haar. „Das hast du alles geträumt, Winz Willi!"
Winz Willi bekam eine Decke um die Schultern. Dann gingen sie alle aus dem Wald. Winz Willi betrachtete die anderen genauer und merkte, daß sie gar nicht wirklich schwarz waren. Es hatte nur im dunklen Wald so ausgesehen!
Dann war ja wirklich alles nur ein Traum gewesen! Und aus den schwarzen Schnecken

wurden gar keine leuchtenden Elfenschnekken in der Nacht! Aber Winz Willi war nicht sehr traurig darüber. Er war froh, daß keiner mehr auf ihn böse war. Daß sie ihn alle lieb hatten wie früher.
Als sie über die Wiese gingen, fielen Regentropfen.
„Mairegen!" rief der große Will. „Sieh zu, daß du recht viel Regen auf den Kopf kriegst, Winz Willi! Der Mairegen ist ein Zauberregen: Er macht, daß man schneller wächst!"
„Ist das wahr?" fragte Winz Willi.
„Und ob das wahr ist!" rief der große Will. „Ich muß es ja wissen! Ich war nämlich einmal genauso winzig wie du! Doch eines Tages bin ich im Mairegen spazierengegangen, und nun, schau mich an, wie groß ich geworden bin!"

Georg Bydlinski
Das alte Haus

Zwischen zwei Riesenbetonklötzen
steht ein kleines altes Haus.
Immer, wenn ich es sehe,
muß ich an meine Oma denken.
Sie ist auch so klein
und alt und freundlich.

Doppelgeschichte

Eine alte Frau ging über die Straße,
an der Leine vier Pudel.
Zu vier Kindern, die ihr neugierig nachsehen,
sagte sie: „Schaut nicht so blöd!"

Eine alte Frau ging über die Straße,
an der Leine vier Pudel.
Zu vier Kindern, die ihr neugierig nachsahen,
sagte sie:
„Sie heißen Fritzi, Susi, Fleckerl und Bärli."

Renate Welsh
Der Straßenbahn-Drache

Susanne fährt ganz allein in der Straßenbahn. Sie fährt zu ihrer Oma. Oma hat sich das linke Bein gebrochen, beim Skilaufen. Jetzt kann sie nicht zu Susanne kommen.
Susanne hat lange betteln müssen, bis die Eltern sagten: „Also gut. Du bist ja wirklich schon ein großes Mädchen. Den Weg kennst du, und umsteigen mußt du auch nicht."
Susanne hat sich darauf gefreut, allein Straßenbahn zu fahren.

Sie hat ihre Karte in den Entwerter gesteckt, als hätte sie das schon tausendmal gemacht.
Aber die Leute starren alle so.
Starren sie, weil sie allein fährt und erst sieben Jahre alt ist?
Starren sie, weil sie sich beim Laufen angespritzt hat?
Ein Einkaufskorb schlägt an Susannes Schulter.
„Noch fünf Stationen!" denkt sie. Fünf lange Stationen. Sie zupft an ihren Fäustlingen. Plötzlich läuft eine Masche bis hinauf zur Fingerspitze, und gleich darauf eine zweite. Susanne bekommt Angst vor den Starrgesichtern. Sie drückt sich in die Ecke.

Da sagt jemand: „Hallo! Du guckst drein wie jemand, der gern eine Geschichte hören würde."

Susanne hebt den Kopf.

Da steht ein Mann, der sieht genau so aus wie alle anderen Leute, nur anders. Seine Augen sind anders, und sein Mund ist anders. Er trägt einen roten Schal.

Susanne nickt. Sie ist zu überrascht, um zu reden.

Der Mann fängt an zu erzählen:

„Also, da war einmal eine Straßenbahn, die war in Wirklichkeit ein Drache. Das merkte bloß niemand. Dieser Drache war genauso gefräßig wie andere Drachen. Aber er fraß weder Ziegen noch Schafe, weder Kohlköpfe noch Cremeschnitten, auch keine Jungfrauen und Jungmänner. Das tun Drachen nur ganz selten, wenn überhaupt. Dieser Drache fraß den Leuten das Lachen weg, wenn sie in seinen Bauch einstiegen. Lange Zeit merkte das niemand. Aber eines Tages stiegen ein Junge und ein Mädchen ein, die lachten gerade so richtig schön. Sie mußten sich aneinander festhalten vor Lachen. Der Drache war ziemlich hungrig. Er riß ihnen das Lachen so

heftig weg, daß sie beide stolperten und gegen einen Mann fielen. Dem Jungen tat der Mund weh, als hätte man ihm ein Heftpflaster abgerissen. Dem Mädchen brannten die Augen, als wäre etwas reingeflogen. Der Mann begann zu schimpfen. Und was glaubst du, was dann geschah?"
Susanne sieht, daß fast alle Leute in der Straßenbahn zuhören. Sie starren nicht mehr vor sich hin. Manche lächeln sogar.
„Vielleicht haben sie den Drachen gekitzelt, bis er das Lachen wieder ausspucken mußte?" schlägt Susanne vor.
Der Mann mit dem roten Schal schüttelt den Kopf. „So ein zerkautes Lachen, das ist nicht mehr das richtige", sagt er.
Susanne überlegt weiter. Sie sieht, daß auch die anderen Fahrgäste überlegen.
Die Straßenbahn bleibt mit einem Ruck stehen. „O je!" ruft Susanne, „ich muß aussteigen!"
Der Mann mit dem roten Schal drückt den Knopf. Susanne steigt aus.
„Vielleicht sehen wir uns einmal wieder", sagt der Mann mit dem roten Schal. „Und bis dahin denkst du die Geschichte weiter, ja?"

Die Tür der Straßenbahn geht zu.
Susanne kann nur noch nicken. Der Mann mit dem roten Schal winkt. Susanne winkt zurück. Sie ist ein bißchen traurig. Aber dann läuft sie zur Oma.

Seither fährt Susanne gern in der Straßenbahn. Sie hofft immer noch, daß sie den Mann mit dem roten Schal wieder trifft.

Monika Pelz
Das Gespenst mit zwei Köpfen

Anja und Susi liegen im Garten und lesen. Opa steht im Gemüsebeet. Er hebt eine kleine rote Tomate in die Höhe und sagt: „Davon habe ich meine rote Nase! Das kommt davon, wenn man zu viele Tomaten ißt!"
Anja und Susi blicken erstaunt auf die Tomaten und auf Opas rote Nase.
„Und was ist, wenn ich zu viele Paprika esse?"
„Dann wird deine Nase grün, das ist doch klar!" sagt der Opa.
Er nimmt das Körbchen mit dem Gemüse und geht ins Haus zurück.
„Glaubst du das wirklich?" fragt Anja.
„Ich weiß nicht –" sagt Susi. „Opa erzählt immer so komische Sachen..."

*

„Bring ein bißchen Petersilie aus dem Garten, Susi!" bittet die Oma.
Susi läuft zu dem Beet, in dem die Petersilie

wächst. Aber plötzlich weiß sie nicht mehr, wie Petersilie aussieht. Das hier scheint Petersilie zu sein! Oder vielleicht doch nicht? Vielleicht ist es ein Unkraut?"

„Wo bleibst du denn, Susi?" hört sie die Oma rufen. „Die Suppe steht ja schon auf dem Tisch!"

Susi reißt eine Handvoll grüner Kräuter aus der Erde und bringt sie der Oma. Die schneidet sie schnell auf einem Brettchen und streut sie dann in die Teller.

Der Opa rührt in seiner Suppe. „Ja, ja!" sagt er plötzlich nachdenklich. „Wer hat denn diesmal die Petersilie gepflückt?"

„Ich", sagt Susi. Und dann fragt sie leise: „Ist es nicht die richtige?"

Der Opa läßt den Löffel sinken. Er beugt sich zu ihrem Ohr und flüstert: „Weißt du, was du uns da gebracht hast? Das ist das Hutzelige Kriechkraut!"

Susi erschrickt. Erst nach einer Weile traut sie sich zu fragen: „Ist das giftig, Opa?"

Der Opa wischt sich seinen Schnurrbart sauber. „Giftig ist es nicht", sagt er. „Aber wenn man es ißt, dann kann man drei Tage lang nicht gehen, nicht laufen und nicht springen."

Susi würde am liebsten unter dem Tisch versinken. Die anderen löffeln ahnungslos ihre Suppe. Die Anja, die Oma, die Tante Ida und die Frau Poldi, mit denen die Oma dreimal in der Woche Karten spielt.
„Wer das Hutzelige Kriechkraut ißt, kann nur noch kriechen", wispert der Opa. „Drei Tage lang."
Susi stellt sich vor, wie alle durch die Zimmer krabbeln und verlorene Münzen finden oder Nähnadeln oder abgesprungene Knöpfe. In dem großen alten Haus liegt eine Menge in den Winkeln und unter den Schränken.
Dann haben alle schmutzige Knie, nicht nur Anja und sie.
Susi muß plötzlich lachen. Die Oma sagt: „Iß doch endlich deine Suppe auf!" Sie wirft Opa einen strengen Blick zu.
„Und du, Gustav, erzähl den Kindern nicht lauter Unsinn!"
„Ob es nur Unsinn war, den Opa erzählt hat?" überlegt Susi.
„Vielleicht war alles nur Spaß." Aber ein bißchen unsicher bleibt sie doch.
Als die Oma vom Tisch aufsteht, beobachtet Susi sie ängstlich. Aber die Oma denkt nicht

daran, zu kriechen. Aufrecht geht sie in die Küche. Aufrecht kommt sie wieder zurück und bringt eine Schüssel mit Fleisch. Susi atmet auf. Dann ist es doch nicht das Hutzelige Kriechkraut gewesen, das sie gegessen haben! Gibt es so etwas überhaupt?
Bei Opa kann man nie sicher sein, ob es die Sachen wirklich gibt, von denen er erzählt...

Einmal erzählte Opa eine ganz besonders tolle Geschichte: „In den Kukuruzfeldern geht ein Gespenst um", sagte er zu Anja und Susi.
„Glaub ich nicht!" rief Anja.
„Du erzählst uns wieder lauter Unsinn!" rief Susi.
Der Opa machte ein gekränktes Gesicht und sagte: „Wenn ich das Gespenst doch selbst gesehen habe, letzte Nacht!"
„Vielleicht ein Kukuruzdieb!" sagte die kluge Anja.
„Nein, nein!" widersprach der Opa. „Es ist eine ganz seltsame weiße Gestalt. Und stellt euch vor: Sie hat vier Beine und vier Arme und zwei Köpfe!"

Nun wurde Anja und Susi doch schaurig zumute. Der Opa sah ihre langen und bangen Gesichter und sagte schnell: „Aber es ist ein liebes Gespenst, das steht fest; es tut niemandem etwas."

„Woher weißt du denn das, Opa?" fragte Susi ängstlich.

Der Opa hob den Zeigefinger. „Die bösen Gespenster gehen durch die Kartoffelfelder, die guten Gespenster gehen durch die Rübenäcker, aber in den Kukuruzfeldern gehen nur die lieben Gespenster um. Warum das so ist, weiß ich nicht, aber es ist so."

Jetzt hatten die Mädchen gleich weniger Angst. Weit und breit gab es hier keine Kartoffelfelder, nur Wiesen und Kukuruz! (Für alle, die's noch immer nicht wissen: Wenn der Opa von Kukuruz spricht, meint er Mais.)

*

„Weißt du was", sagte Anja zu Susi. „Ich würde gern einmal dieses Gespenst sehen!"

„Aber da müßten wir ja in der Nacht hinters Haus gehen!" rief Susi erschrocken.

In der Nacht hinters Haus gehen, das hatten sie sich noch nie getraut! Da gab es überall

Schatten in den Winkeln. Da konnte alles mögliche Unheimliche passieren! Da konnte einem etwas über die Füße laufen, eine Maus oder gar eine Ratte!

„Ich würd' mich das nie trauen!" sagte Susi.

„Aber ich!" sagte Anja. „Heute Nacht bleib ich auf und schau mir das Gespenst an!"

„Und wenn es erst um Mitternacht erscheint?" Bis Mitternacht waren sie noch nie aufgeblieben!

„Vielleicht erscheint es schon früher!" meinte Anja. „Ich werde den Opa fragen!"
Und wirklich, beim Nachtmahlessen fragte Anja: „Wann kommt denn eigentlich das Kukuruzgespenst?"
„Pssst!" machte der Opa. „Eure Oma darf nichts vom Gespenst hören! Sie fürchtet sich sonst!"
„Ja, aber wann kommt es denn immer?" flüsterte Anja. „Um Mitternacht?"
„Mitternacht? Aber wo! Sobald es dunkel wird, taucht es auf!" Anja stieß Susi an. „Heute Nacht!" zischte sie ihr zu.

Dann lagen sie in ihren Betten und warteten, bis von unten das Gemurmel von Stimmen und Musik kam. Das war das Zeichen, daß Oma und Opa den Fernsehapparat angedreht hatten und davor saßen.
Anja und Susi stiegen aus dem Bett. Susi wollte in ihre Pantoffel schlüpfen, aber Anja sagte: „Laß das! Die Schuhe machen zuviel Lärm! Wir müssen barfuß gehen!"
Sie gingen auf Zehenspitzen über den Flur.

Sie schlichen an der Tür vorbei, hinter der Opa und Oma saßen. Sie öffneten die Tür zum Hof.

Nun standen sie in der Nacht. Der Vollmond war aufgegangen, und sie konnten das Kukuruzfeld im Mondlicht gut sehen.

Anja und Susi gingen ein wenig näher hin, und dann warteten sie. Aber nichts geschah. Kein Gespenst zeigte sich. Nur die hohen Kukuruzhalme wiegten sich und raschelten leicht, wenn ein Windhauch durch sie lief.

„Heute kommt es nicht!" wisperte Susi hoffnungsvoll. „Komm, wir gehen wieder hinein!" Aber Anja schüttelte den Kopf. „Nein, ich warte noch ein bißchen!"

„Schau!" sagte sie plötzlich und packte Susi an der Hand. „Dort kommt etwas!" Anja zeigte zum Weg, der am Feld entlangführte. Eine helle Gestalt kam langsam heran. Ja, die hatte zwei Köpfe, das konnte man deutlich sehen!

Aber ganz weiß, wie der Opa gesagt hatte, war sie nicht. Auf der rechten Seite schien sie dunkler zu sein als auf der linken! Und es war seltsam: Der eine Kopf hatte langes Haar, der andere aber kurzes!

Von Zeit zu Zeit blieb die wandelnde Gestalt stehen. Dann schien es, als hätte sie überhaupt nur einen Kopf anstatt zwei!
Anja und Susi hielten einander an den Händen. Stumm starrten sie auf das langsam näherkommende Gespenst. Im hellen Mondlicht war es deutlich zu sehen.
„Das ist gar kein Gespenst", stellte Anja fest.
„Es sind zwei!" rief Susi überrascht.
„Das ist die Emminger Burgl mit ihrem Freund", sagte Anja. „Ich erkenne sie am Kleid."
Ja, es war die Emminger Burgl mit ihrem Freund. Sie gingen neben dem Kukuruzfeld und hatten die Arme umeinander gelegt.
Dann und wann blieben sie stehen und gaben sich einen Kuß.

„Und der Opa hat die beiden für ein Gespenst gehalten!" rief Susi.
„Aber geh, dem Opa glaub ich eh nichts mehr!" sagte Anja.
Dann liefen sie ins Haus zurück, weil ihnen kalt war.

Am nächsten Tag sah die Oma Anja und Susi durch den Garten wandeln. Sie hielten einander umarmt. Von Zeit zu Zeit blieben sie stehen und gaben sich einen Kuß.
Die Oma ließ den Socken sinken, an dem sie strickte.
„Was treibt ihr denn da?" fragte sie erstaunt.
Anja und Susi schritten mit erhobenen Nasen an ihr vorüber.
Sie lächelten. So wie die Emminger Burgl im Mondlicht gelächelt hatte.
„Wir sind ein Gespenst", sagte Susi zur Erklärung.
Die Oma seufzte und schüttelte den Kopf.
„Da hat euch der Opa wieder verrückt gemacht!" sagte sie. „Der immer mit seinen Geschichten!"

Georg Bydlinski
Vater–Mutter–Kind

Thomas steht vor dem offenen Fenster, schaut in die Nacht hinaus und summt ein Lied vor sich hin.
Die Turmuhr schlägt halb neun.
„Thomas, ins Bett!" ruft die Mutter aus dem Nebenzimmer, in dem der Fernseher läuft.
„Ja, ja, ich geh schon", ruft Thomas zurück.
„Gute Nacht, Mutti! Dir auch, Vati!"
Keine Antwort.
Thomas schaut noch einmal zu den Sternen hinauf, zum Mond. Mond und Sterne sind helle Flecken in der dunklen Nacht.
Thomas schließt das Fenster. „Gute Nacht, Nacht!" sagt er leise.

Ingrid Lissow
Der grüne Affe Juliane

Es war Donnerstag – und ein kleines Mädchen war wütend. Es war wütend, weil es rotgescheckte Strümpfe tragen mußte und himmelblaue Haarschleifen und lange weiße Spitzenunterhosen und das Kleid mit dem Matrosenkragen. Und außerdem war das Mädchen wütend, weil es im Spiegel sah, daß es mitten im Gesicht eine genauso dicke Nase hatte wie sein Vater. Und wütend war es, weil es Juliane hieß.
Juliane saß auf dem schwarzen Drehsessel vor dem riesigen schwarzen Klavier, drehte sich wütend im Kreis, bis sie schwindlig war, und rief:
„Ich möchte ein Tier sein! Ein *Tier!*"
Denn sie wollte keine rotgescheckten Strümpfe tragen und keine himmelblauen Haarschleifen, keine langen weißen Spitzenunterhosen und keine Kleider mit Matrosenkragen. Sie wollte keine dicke Nase mitten im Gesicht und wollte nicht Juliane heißen und wollte nicht Klavier spielen. Nein.

Auf dem riesigen schwarzen Klavier stand der Gipskopf von Ludwig van Beethoven. Dem sträubte sich das Haar, der schaute finster drein, und niemals verlor er ein Wort – er war ja aus Gips. Jetzt aber sprach er trotzdem.

„Sakra!" sagte er, denn er konnte das wütende Kind verstehen. „Ein Tier sollst du sein – aber nur für einen Tag!"
Rums!
Pardauz!
Krach!
Juliane fiel vom Klaviersessel.
„Seit wann kannst du reden?" flüsterte sie.
Der Gipskopf blickte finster.
„Ha-ha-hast du was gesagt?" stotterte Juliane.
Der Gipskopf sagte kein Wort.
„Du!" rief Juliane, stupste den Gipskopf mit den Fingern an – und war starr vor Staunen, denn ihre Hand war plötzlich ganz grün und haarig.
Schnell zog sie ihre rotgescheckten Strümpfe aus und sah: Auch ihre Beine waren grün und haarig, und lange Zehen waren ihr gewachsen.
Da warf sie das Kleid mit dem Matrosenkragen fort, die langen weißen Spitzenunterhosen und die himmelblauen Haarschleifen – und war begeistert! Denn ihr Bauch war grün und haarig, und ihre Brust war grün und haarig, und ihr Rücken war grün und haarig, und der Po ebenfalls.

Und als Juliane im Affentempo vor den Spiegel sprang, blickte ihr, ei Karacho!, ganz grün und haarig ein Affe entgegen.
Ihr kleiner Bruder Friederich kam ins Zimmer, jubelte, als er den Affen sah, und wollte ihn fangen. Er verrammelte die Tür damit das Biest nicht entkommen konnte.
Aber das Fenster war offen, und schon war der Affe auf und davon...
Und weder Mama noch Papa glaubten dem plärrenden Bruder Friederich, was er doch mit eigenen Augen gesehen hatte!

Der grüne Affe lief durch Griesbach.
Katzen stellten den Buckel auf, und Zeitungsjungen bekamen Stielaugen, als sie ihn sahen. Kleine Kinder kreischten, junge Mütter sprangen in Mülleimer. Oberkellner rannten Kaffeehaustische um und begoßen erstaunte Gäste mit heißer Schokolade. Freiwillige Feuerwehrmänner marschierten auf. Der Zoodirektor sprang dem Friseur unter der Trockenhaube weg, und der Friseur sprang dem grünen Affen mit dem Rasiermesser in den Weg. Dreiradfahrer kreisten ihn ein. Sirenen heulten.

Aber im Affentempo schwang sich der grüne Affe von Baum zu Baum, durch eine ganze Allee von Bäumen; kein noch so flinker freiwilliger Feuerwehrmann und auch nicht der Zoodirektor mit seinem blitzschnell aufklappbaren Affenkäfig konnte ihn einholen.
Von Baum zu Baum, von Wald zu Wald schwang sich der grüne Affe, bis er in den Dschungel kam. Im Dschungel, wo die weißen Riesenblumen blühten und die Orangen wie Sonnen in den Bäumen hingen, sah er die großen Tiere schweigsam aus dem Dickicht schauen und die buntschillernden Schmetterlinge über den Affenbrotbäumen fliegen. Im Dschungel hörte er die fremden Vögel fremde Vogellieder singen, Fliegen Fliegenlieder summen, Tiger Katzenlieder schnurren, Schlangen Schlangenlieder zischen. Im Dschungel wußte der grüne Affe, daß er war, wo er sein wollte.
Und er setzte sich in den Affenbrotbaum und sang sein Affenlied:
    Der Affe sitzt im Affenbrotbaum
    und träumt gar nicht vom Zoo.
    Der Affe sitzt im Affenbrotbaum
    und ist im Dschungel froh.

Der Affe singt ein Affenlied
und tanzt, wenn es im Urwald blüht,
und kichert in der Nacht im Traum
im grünen Affenbrotbaum.
Uuuu!
Hui!
Huhu!
Zisch!
Als die Affen im Urwald das Affenlied hörten, kamen sie von überallher in den Affenbrotbaum, um den Affenliedsänger zu begaffen, und riefen: „Wo ist der Affenliedsänger?" Denn sie konnten den affenbrotbaumgrünen Affen im grünen Affenbrotbaum nicht sehen.
Da rief er: „Hier bin ich!"
„Pfui!" kreischten die Schimpansen.
„Was ist das?" riefen die Löwenaffen.
„Ein grüner Affe!" brüllten die Brüllaffen.
„Eklig!" näselten die Nasenaffen und schlenkerten mit den Nasen.
„Grün wie Grünzeug! Und das will ein Affe sein?" knurrte der Gorilla.
„Ein affenbrotbaumgrünes Affengespenst", riefen die Totenkopfaffen. „Huhu!"
„Grünzeug ist das, Grünzeug!" schrien die Brillenaffen.

„Ich bin ein Tier! Ein Affe bin ich!" verteidigte sich der Affe.

„Wir werden dich fressen, dann wirst du sehen, was du bist!" schrien die Orang-Utans.

„Verschluckt, verdaut und vergessen bist du dann!"

Kokosnüsse, Erdbrocken, Bananen und Äste prasselten auf den grünen Affen nieder.

Nur die Paviankinder saßen im dichten Dschungelgras und gafften. So einen Affenzirkus hatten sie noch nicht erlebt.
Plötzlich aber erinnerten sie sich an das Märchen, das ihnen ihre Urgroßmutter erzählt hatte: *Das Märchen von dem grünen Affen!*
Da erinnerten sich auch die anderen daran, und sie holten den verschreckten grünen Affen vom höchsten Wipfel des Affenbrotbaumes herunter, grunzten ihm friedlich in die Ohren, wiegten ihn auf ihren Affenarmen und lausten ihm das Fell. Die Gorillas flochten ihm Dschungelblumenkränze, und die Totenkopfaffen verscheuchten ihm die Fliegen.
„Was soll das Affentheater?" rief der grüne Affe überrascht, denn er wußte nicht, wie ihm geschah. Außerdem wollte er gar keine Blumenkränze und wollte nicht gelaust werden und schon gar nicht hin- und hergewiegt. „Was ist das für ein grünes Affenmärchen?"
„Unsere Urgroßmutter hat erzählt ...", riefen die Paviankinder,
„... daß am Donnerstag ...", kreischten die Totenkopfaffen,
„... ein grüner Affe in den Dschungel kommen wird!" brüllten die Gorillas.

„Und in Wahrheit wird das gar kein Affe sein, sondern ein verzaubertes Menschenkind...", erzählte die Pavianmama,
„...und es wird unsere Affenbrüder im Zoo von Griesbach befreien!"
„Was eure Urgroßmutter erzählt hat, ist gar kein Märchen", sagte der grüne Affe. „Ich heiße Juliane und will gern eure Affenbrüder aus dem Griesbacher Zoo befreien, denn in Griesbach bin ich zu Hause. – Aber wie soll ich an den Käfigschlüssel kommen? Den trägt der Zoodirektor im Socken.
„Wir geben dir drei Affenzähne mit auf die Heimreise. Sie werden dir dabei helfen", sagte der Pavianpapa und überreichte dem grünen Affen Juliane drei angefaulte Knochenstummel. „Wenn du den ersten Zahn schluckst, wirst du jederzeit wieder ein grüner Affe. Wenn du den zweiten Zahn schluckst, kommst du im Flug zu uns in den Dschungel. Und wenn du den dritten Zahn schluckst, bist du wieder ein Kind und in Griesbach."
„Ich werde es mir merken", sagte der grüne Affe.
„Und außerdem hast du einen Wunsch frei, wenn du wieder ein Menschenkind bist",

sagte die Giraffe. „Auch das wissen wir aus dem Märchen, das die Affenurgroßmutter erzählt hat. Flüstere den Wunsch der Giraffe im Griesbacher Zoo ins Ohr, und er geht in Erfüllung."
„Toll! Vielen Dank, Giraffe!" sagte der grüne Affe.
Dann verabschiedete er sich von den Tieren im Dschungel und lief fort. Er lief und schaute nicht links und rechts, denn er wollte bald zu Hause sein.

In Griesbach saß der Zoodirektor im Käfig und traute seinen Augen nicht, als er einen grünen Affen daherrennen sah.
Der Affe sprang auf den Affenkäfig zu. Die Affen schrien erfreut: „Du wirst uns befreien!" Aber dazu kam es nicht, denn der Zoodirektor fing den grünen Affen in seinem blitzschnell aufklappbaren Affenkäfig ein.

Der Trommler trommelte die Griesbacher zusammen, und alle kamen in den Zoo, um das Biest zu bestaunen.
Der grüne Affe rüttelte an den Gitterstäben und kreischte: „Laßt mich raus! Ich bin die Juliane!" Aber die Griesbacher verstanden das

Gekreische nicht und lachten über die Faxen, die der Affe machte.

Sogar der Papa – ja, der mit der dicken Nase mitten im Gesicht – und die Mama standen vor dem Käfig, gafften und erkannten ihr eigenes Kind nicht mehr.

Die Musik spielte, Knallfrösche flogen, und zum Fest des Tages wurden Luftballons verkauft.

Der grüne Affe dachte, er sei verloren.

Still und aufmerksam jedoch hatte ihn der kleine Bruder Friederich – ja, der mit der Rotznase – beobachtet und rief: „Mama, Papa! Der Affe sieht ja aus wie unsere Juliane!"

„Rotznase!" sagte der Papa.
„Schneuz dich!" sagte die Mama.
„So glaubt mir doch endlich!" schrie der Bruder Friederich. „In unserem Wohnzimmer wollte ich den Affen fangen. Da war er zuerst! Und es ist unsere Juliane! Sie ist verzaubert! Uaaaaa!"
Der kleine Bruder Friederich weinte so herzerweichend, daß die Tränen bis in den Käfig flossen – und da verlor der grüne Affe im Käfig plötzlich seinen Affenpelz und stand wieder da als Juliane in rotgescheckten Strümpfen und Spitzenunterhosen.
Das Griesbacher Volk stürmte den aufklappbaren Affenkäfig, denn jeder wollte das Wunder zuerst gesehen haben. Der fassungslose Zoodirektor verlor im Getümmel sein falsches Gebiß. Blumenhüte und Stöckelschuhe flogen, Augen wurden blaugeschlagen und Rippen geprellt. Dreiräder und Steckenpferde wurden zertrampelt. Böse Kinder bissen in fette Erwachsenenwaden. Ohrfeigen schallten. Großmütter weinten vor Rührung, und auf dem Affenkäfig tanzte der kleine Bruder Friederich mit der Rotznase und rief: „Ich bin der Größte!"

Die Mama aber boxte sich durch die Menge und rannte mit aller Kraft gegen die Käfigtür, so daß sie aufsprang und Juliane befreit war. Sie umarmte ihr Kind und weinte vor Freude, und dem Zoodirektor gab sie eine schallende Ohrfeige.

Im Konfettiregen gingen Mama, Papa, Friederich und Juliane nach Hause.
Und ganz Griesbach drängte sensationslüstern ins Zimmer, wo das schwarze Klavier stand. An den Fenstern hingen die Leute in Trauben, und der alte Feigenbaum krachte unter der Last neugieriger Zaungäste. Alle wollten Julianes Geschichte vernehmen. Dabei hatte Juliane nur einen Gedanken: Sie mußte den Schlüssel bekommen, der in den Socken des Zoodirektors steckte, denn es dämmerte schon, und noch heute sollten die Affen im Griesbacher Zoo befreit sein.
Zunächst aber saß sie auf dem Klavierstockerl und mußte erzählen: daß sie wütend gewesen war auf ihre rotgescheckten Strümpfe und himmelblauen Haarschleifen und auf ihre Spitzenunterhosen und das Kleid mit dem Matrosenkragen und auf ihren Namen und

auf ihre eigene Nase mitten im Gesicht. Und daß sie nicht Klavier spielen wollte und geschrien hatte: „Ich möchte ein Tier sein! Ein Tier!" Und daß sie dann der weiße Gipskopf auf dem Klavier, ja, der Ludwig van Beethoven, in einen grünen Affen verwandelt hatte.
Als die Griesbacher hörten, daß der Gipskopf Zauberkraft besaß, schrien alle: „Ich auch! Ich will auch verzaubert sein!"
„Ein Krokodil will ich sein und die Kindergärtnerin fressen!" rief der kleine Bruder Friederich.
Und der Bürgermeister schrie: „Und ich der Präsident von Amerika und der Chef von Rußland!"
Zum Glück blieb der Gipskopf still und stumm und wandelte keinen um.
Schon wollten alle wieder heimgehen, da bemerkte der Zoodirektor Julianes geballte Faust und fragte: „Was hast du denn da versteckt?"
„Drei Wünsche!" sprach Juliane und machte die Faust auf. Der Zoodirektor, ein Schmetterlingsfänger und der Friseur stürzten sich auf die drei Affenzähne, und jeder erwischte einen. Juliane aber erwischte den Zoodirektor

am Bein und zog ihm – so geschwind, daß es niemand bemerkte – den Schlüsselbund aus dem Socken.

„Das sollen drei Wünsche sein?" rief der Zoodirektor enttäuscht. „Das sind ja Affenzähne!"

„Wenn ich sie schlucke, werden es drei Wünsche!" beharrte Juliane.

„Du wirst sie aber nicht schlucken!" rief der Schmetterlingsfänger, und der Zoodirektor kicherte: „Die schlucken wir selbst!"

Und schluck! schluck! schluck! – weg waren die drei Affenzähne.

Juliane wußte, was nun folgen würde. Und da sie ohnedies nichts daran ändern konnte, sprang sie im Affentempo zum Fenster hinaus, rannte durch die menschenleere Stadt in den Griesbacher Zoo und ließ die Affen frei.

Die Gorillas, die Orang-Utans, die Brüllaffen, die Brillenaffen, die Nasenaffen, die Hutaffen, die Bartaffen, die Mantelaffen, die Husarenaffen, die Spinnenaffen, die Wollaffen, die Halbaffen, die Totenkopfaffen, die Hundskopfaffen, die Löwenaffen, die Meerkatzen, die Schimpansen und die Paviane liefen auf und davon, Richtung Dschungel.

Im Zimmer aber hatte sich einstweilen der Zoodirektor in einen grünen Affen verwandelt – wie der Pavian im Dschungel versprochen hatte: „Wenn du den ersten Affenzahn schluckst, wirst du ein grüner Affe!"
Und der Schmetterlingsfänger gaukelte in der Luft herum und flog davon – wie es der Pavian im Dschungel versprochen hatte: „Wenn du den zweiten Affenzahn schluckst, bist du flugs im Dschungel."

Der Friseur aber stand da, klein wie ein Kind und rotznasig – wie es der Pavian im Dschungel versprochen hatte: „Wenn du den dritten Affenzahn schluckst, bist du ein Kind und in Griesbach."
Als die Griesbacher Kinder sahen, daß der Friseur, der ihnen immer die Haare zu kurz geschnitten hatte, so klein war wie sie, nahmen sie ihn und verhauten ihn auf der Wiese.
Und den grünen Affen, der immer schrie: „Ich bin der Zoodirektor!" brachte der Feuerwehrhauptmann persönlich in den Zoo, in den Affenkäfig.

Juliane wollte eben die Löwen und Krokodile befreien, aber daraus wurde nichts mehr.
Sie hatte nur noch Zeit, auf den Giraffenhals zu klettern und der Giraffe ihren Wunsch ins Ohr zu sagen.
Aber: Was sollte sie sich wünschen? Ein Tier konnte sie nicht mehr werden, denn die drei Affenzähne waren vertan. Mit dem Gipskopf Ludwig van Beethoven wollte sie nicht mehr rechnen; der machte wahrscheinlich nur alle hundert Jahre den Mund auf. Außerdem war Juliane mittlerweile gar nicht mehr wütend

auf ihre rotgesprenkelten Strümpfe und sonstigen Klamotten; und sie fand den Namen Juliane ebenso hübsch wie ihre dicke Nase mitten im Gesicht.
Blieb nur noch das schwarze Klavier, auf dem sie spielen mußte, was sie nicht wollte.
Dafür war der Wunsch bei der Giraffe wie geschaffen! Juliane flüsterte in das Giraffenohr: „Ich wünsche mir, daß ich Klavier spielen kann!"
„Wie gut denn?" fragte die Giraffe.
„Na, so wie der Ludwig van Beethoven", meinte Juliane. „Das wird wohl genügen."
„Also gut", sagte die Giraffe. „Und fürs ganze Leben."

Als die Mama am nächsten Tag sagte: „Juliane, geh Klavier spielen!" setzte sich Juliane hin und spielte, daß der Mama die Tränen und der Schluckauf kamen, dem Papa die Zeitung aus der Hand fiel und dem kleinen Bruder Friederich ein Tröpfchen von der Nase. Und die Lampen klirrten, und die Stühle wackelten, und die Gardinen flogen zum Fenster hinaus. Der Kalk rieselte in den Mauern, und die Ziegel fielen vom Dach.

Aber die Musik gefiel Juliane so gut, daß sie nicht mehr aufhören wollte, zu spielen.

Und als die Leute sich beschwerten und die Eltern die Kündigung bekamen – wegen „mutwilliger Ruhestörung" –, und als sie mit Kind und Kegel und Klavier ausziehen mußten, spielte Juliane in der nächsten Wohnung weiter, und in der übernächsten ebenso.

Und obwohl die Familie immer wieder ausziehen muß und kaum noch eine Wohnung findet, spielt Juliane immer weiter wie der Ludwig van Beethoven. Und sie spielt und sie spielt und sie spielt seitdem ohne

ENDE

Josephine Hirsch
Erika wird erwachsen

Erika ist beinahe acht Jahre alt. „Immer noch ein Kind!" seufzt sie. „Dauert das lange! Wann wird man erwachsen? Mit 15 Jahren? Mit 18? – Mit 20? – Oder erst, wenn man heiratet?"
Beim Mittagessen fragt sie: „Mutti, wann werde ich erwachsen?"
„Willst du denn erwachsen werden? Ist es nicht auch schön, Kind zu sein?"
„Doch, schon ... Aber Erwachsene können so vieles, was Kinder nicht können."
Die Mutter denkt nach. „Weißt du, Erika, ein richtiger Erwachsener bleibt immer irgendwie auch ein Kind. Sieh dir doch einmal die Erwachsenen an. Kennst du einen, dem du besonders gern ähnlich wärst?"
Erika überlegt. „Wie Herr Rabensaft möchte ich nicht werden. Der schimpft immer, wenn er Kinder sieht. Wie die Frau Berach möchte ich auch nicht sein. Die kann ja nie lachen. Die sagt immer: ‚Als wir Kinder waren, durften wir nicht so sein wie ihr.' Dann möchte

ich schon eher sein wie Herr Zwalcher. Der ist immer nett; der lacht gern, und wenn wir ein Spielzeug kaputt gemacht haben, repariert er es. Er kann auch so schön trösten. Ja, so möchte ich gern werden!"
„Nun, siehst du, der Herr Zwalcher ist erwachsen, und im Herzen ist er trotzdem ein Kind geblieben. Der Herr Rabensaft und die Frau Berach sind eigentlich arm. Weil sie das Kindsein verloren haben, können sie auch nicht richtig erwachsen sein. Weißt du, Erika, viele Leute glauben, daß man ein bestimmtes Alter braucht, um erwachsen zu werden. Das stimmt aber nicht. Erwachsen sein, heißt reif sein. Einer, der immer nur an sich und seine Bequemlichkeit denkt, wird nie erwachsen. Nur wer fähig ist, andere zu lieben, sich um sie zu kümmern, sich in sie hineinzudenken und ihnen Freude zu machen, wird erwachsen. Bei dem geht das ganz schnell."
Erika überlegt:
Sie will nicht ihr Leben lang unreif bleiben.
Sie will beweisen, daß sie schon groß ist.
Am besten, sie fängt sofort damit an.
Tristan, Erikas kleiner Bruder, ist drei Jahre alt.
Erika hat ihn sehr lieb, aber manchmal geht er

ihr auf die Nerven. Wenn gerade das spannendste Fernsehstück läuft, soll sie ihm unbedingt aus dem Bilderbuch vorlesen. Und wenn sie einmal mit den Bausteinen einen tollen Turm gebaut hat, läuft er hin und wirft ihn um. Am schlimmsten ist es, wenn Erikas Freundinnen da sind. Da stört er ununterbrochen. Dann vergißt Erika ganz, wie lieb sie Tristan hat. Sie schimpft ihn vor den anderen aus und treibt ihn hinaus. Wenn er traurig ist und weint, weil er nicht dabei sein darf, tut ihr das nicht einmal leid. Im Gegenteil, sie spottet ihn sogar noch aus.
Erika merkt: So kann das nicht weitergehen. Sonst werde ich nie erwachsen und reif. Bei Tristan muß ich anfangen.
Sie hat schnell Gelegenheit, dem Vorsatz die Tat folgen zu lassen. Heute hat sie ein spannendes Bibliotheksbuch aus der Schule mit nach Hause gebracht. Sie hat fast keine Aufgaben für morgen. Kaum kann sie es erwarten, in dem Buch zu lesen. Endlich ist es soweit. Kaum hat sie sich in die ersten Seiten vertieft, da steht auch schon Tristan da:
„Erikaaa, mir ist soooo langweilig! Spiel doch mit mir!"

Schon setzt Erika zu einer harten Antwort an, da fällt ihr ein, daß sie ja erwachsen werden will. Erwachsene mögen Kinder und bleiben auch Kinder. Jetzt ist die Gelegenheit günstig.
„Komm, Tristan, ich zeige dir etwas Schönes!" ruft sie fröhlich. Sie kramt ein großes Zeichenblatt und ihre alten Filzstifte aus der Schublade und breitet alles vor dem kleinen Bruder aus. Dann zeigt sie ihm, wie er damit malen kann. Tristan ist begeistert. Er zeichnet und schmiert darauf los und achtet gar nicht mehr auf Erika, die sich leise zu ihrem Buch zurückziehen kann. Ihm ist geholfen.
„Vielleicht bin ich jetzt schon ein bißchen erwachsener?" hofft Erika.
Da fällt ihr ein, daß die Mutter Geschirr abwäscht. Sie hat doch heute schon so viel Arbeit gehabt. Sie muß sehr müde sein. Erwachsene müssen wissen, wo und wann sie gebraucht werden! Schon steht Erika in der Küche. Sie greift nach einem Geschirrtuch und trocknet ab. Die Mutter freut sich, daß Erika ganz von alleine hilft. Und Erika freut sich, weil sich die Mutter freut.
Nach dem Abtrocknen räumt Erika das Geschirr ordentlich auf. Wieder fragt sie sich, ob

sie jetzt schon ein bißchen erwachsener geworden ist. Dann sitzt sie mit ihrem Buch in der Ecke.
Plötzlich fährt sie erschrocken zusammen. Draußen im Stiegenhaus hat es laut geklirrt, und eine Frau schreit auf. Schon ist Erika vor der Türe. Da steht Frau Wimmer aus dem zweiten Stock mit unglücklichem Gesicht, und vor ihr liegt ein zerbrochener Blumentopf. Er ist ihr aus den Händen gerutscht und in tausend Scherben gebrochen.
„Lassen Sie nur, Frau Wimmer, ich mache das schon!" ruft Erika und läßt nicht zu, daß sich die Frau Wimmer bückt.
Sie läuft in die Küche, holt den kleinen Besen und die Mistschaufel und kehrt die Scherben und die verschüttete Erde auf. Das entwurzelte Blumenstöckchen legt sie behutsam in

eine Plastiktasche. Dann läßt sie sich von der Mutter einen neuen Blumentopf und frische Erde geben. Weil die Mutter selbst Topfpflanzen zieht, hat sie solche Dinge immer in Vorrat.
Frau Wimmer weiß gar nicht, wie sie danken soll. Sie ist schon recht alt und tut sich mit dem Bücken schwer.
Erika läßt sie gar nicht zu Wort kommen. „So, Frau Wimmer, ich trage jetzt alles zu Ihnen hinauf, und dann setze ich Ihre Pflanze frisch ein. Ich weiß, wie man das macht. Ich habe schon oft zugeschaut."
Als alles geschehen ist, bietet sich Erika an, jeden Nachmittag für Frau Wimmer einzukaufen. Schnell hebt sie noch ein Stück Papier auf, das auf dem Fußboden liegt.
Frau Wimmer ist gerührt. Sie legt Erika eine große Tafel Nußschokolade in die Hände. „Für dich ganz allein!" sagt sie.
Erika bedankt sich. Fröhlich läuft sie nach Hause hinunter. Tristan wartet schon auf sie. Er muß ihr ja sein Kunstwerk zeigen. Erika gibt ihm einen Kuß auf die hochrote Wange und teilt die Tafel Schokolade ehrlich mit ihm.

Erwachsene müssen an die anderen denken. Allein essen! Was Frau Wimmer nur glaubt! Erika fühlt sich so leicht und so froh. Sie kommt sich auf einmal um vieles größer vor. Sie fragt: „Mutti, bin ich heute nicht viel erwachsener geworden? Ich habe doch so viel geholfen!"
Die Mutter lächelt. „Sicher, das war heute eine sehr gute Einübung. Aber du darfst nicht denken, daß dir das immer so gut gelingen wird. Du darfst nicht mutlos werden, wenn einmal alles danebengeht. Und noch etwas: Erwachsene fragen sich nicht immer, ob sie reifer werden, wenn sie helfen. Sie tun es – einfach so, weil es nötig ist und weil die anderen sie brauchen, verstehst du? Aber heute hast du deine Sache wirklich gut gemacht. Ich habe mich über dich gefreut. Probier das immer wieder. Dann wirst du . . ."
„. . . wie der Herr Zwalcher", ergänzt Erika.
Die Mutter nickt.
Fröhlich steckt sich Erika ein Stückchen Schokolade in den Mund.

Evelyne Stein-Fischer
Klein sein ist schöner

Eine Stunde sind die Eltern jetzt schon fort!
Helmut fällt nichts mehr ein, womit er seine kleine Schwester beschäftigen könnte.
Heute ist Helmut nicht nur Tinis großer Bruder.
Heute ist er zum erstenmal ihr großer Bruder *und* ihr Babysitter.
„Ihr könnt ruhig in die Stadt einkaufen fahren", hat Helmut zu den Eltern gesagt. „Ich kümmere mich schon um die Tini." Die Eltern waren froh, daß sie die Kinder nicht in das Kaufhausgedränge mitnehmen mußten.
„Fein, Helmut", haben sie gesagt. „Wir beeilen uns! Paß nur auf, daß die Tini nicht klettert!"
Die Mama hat noch etwas zu trinken hingestellt. Und Windeln vorbereitet. Für alle Fälle.
So allein mit der Tini, allein mit der Verantwortung für die Tini, kommt den Helmut eine Stunde viel länger vor als sonst.
Die Eltern könnten wirklich schon zurück sein!

Helmut hat sich das Aufpassen anders vorgestellt: Daß die Tini eine Zeitlang in ihrer Lieblingsecke spielt. Daß sie dann gemeinsam essen und Helmut später den Fernseher andreht. Wenn die Tini auch nichts versteht, die bewegten Bilder gefallen ihr bestimmt.
Aber die Tini will nicht sitzen. Nicht in ihrer Lieblingsecke und auch sonst nirgends. Sie will auch nicht die bunten bewegten Bilder anschauen. Die Tini klettert – kaum daß Helmut sich umdreht – auf die Sitzbank, klammert sich an der Tischkante fest und schiebt ihren kleinen, dicken Bauch über den langen Tisch.
Gleich wird sie am anderen Ende hinunterpurzeln!
Helmut darf seine kleine Schwester nicht eine Sekunde aus den Augen lassen. Er kommt sich wie ein Kater vor, der eine quirlige Maus beobachtet, damit sie ihm nicht entwischt.
Helmut ist müde. Er will kein wachsamer Kater sein. Er möchte endlich spielen oder in Ruhe ein Buch lesen.
Da! Die Tini bohrt ihren winzigen Zeigefinger in die Blumentopferde. Aus dem Topf wächst ein birnendicker Kaktus.

„Finger weg!" Helmut springt zur Tini. Er landet knapp vor ihrem nackten großen Zeh. Vor Schreck zieht die Tini den Finger so plötzlich aus der Erde, daß sie sich mit dem Handrücken an dem Kaktus sticht.
„Auuuuuu! Auuuuuuuhh!" brüllt die Tini.
Verdammt! Helmut kribbelt es am ganzen Körper. Er stellt sich den Stachel in Tinis Haut vor. Wenn er den Stachel nicht findet, brüllt die Tini so weiter, bis sie die Eltern aus der Stadt nach Hause brüllt.
Helmut jagt ins Badezimmer.

Er buddelt in Mamas Plastiketui mit den Schminksachen. Die Pinzette!
Helmut rast zur schreienden Tini zurück. Mit einer Hand hält er die kleine gerötete Faust fest. Aber Tini will ihre Hand vor lauter Schmerz und lauter Angst wegziehen. Sie sträubt sich wie ein junger störrischer Esel. Helmut muß mit seiner ganzen Kraft die Tini und sich selbst ruhig halten.
Vorsichtig nähert er die Pinzette.
Er zittert ein wenig.
Da! Eine winzige gelbgrüne Spitze ragt aus der Haut.
Zzzzzt! Die Pinzette schnappt zu. Zieht den Stachel heraus.
„Geschafft!" Helmut atmet auf. Er umarmt seine kleine Schwester. Er trocknet ihre Tränen mit seinem Hemdzipfel.
„Jetzt ist alles wieder gut."
„Wieder gut", sagt Tini.
Für heute hat Helmut genug vom Aufpassen.
Jetzt könnten die Eltern wirklich da sein!
Nach dem Schreck sieht die Tini wenigstens ganz friedlich aus. Endlich steuert sie auf ihre Lieblingsecke zu.
An der Wäschebank vorbei.

Aber da steht etwas, was sie unbedingt anfassen muß.
„Laß das!" ruft Helmut. Er nimmt der Tini den Wecker weg. Schon brüllt sie wieder. Sie brüllt, bis sie erdbeerrot im Gesicht ist. Sie brüllt, bis Helmut ihr den Wecker zwischen die ausgestreckten Hände schiebt.
„Da!" zischt er. „Nervensäge!"
Jetzt ist sie wenigstens ruhig.

„Was machen die Eltern nur so lange?", faucht Helmut die Tini an.
„Tick tack tick tack tick tack", sagt Tini und grinst.
Da! Die Stimmen der Eltern! Helmut reißt die Tür auf. Atemlos rufen die Eltern: „Tut uns leid, Helmut, es hat länger gedauert, als wir dachten! Der Verkehr war heute besonders arg!"
„Macht nichts", sagt Helmut. Jetzt, wo die Eltern da sind, ist alles halb so schlimm.
„Na, wie wars, so das erstemal länger allein mit der Tini? Bist du gut zurecht gekommen?"
„Na ja, es ist ganz gut gegangen", sagt Helmut. „Und du Tini? Warst du auch brav?" fragt die Mama.

Sie nimmt die Tini auf den Arm. Sie drückt sie fest an sich. Dann reicht sie die Tini dem Papa. Auch der Papa drückt die Tini an sich.
„Die Eltern tun gerade so, als hätte die Tini was Besonderes geleistet", denkt Helmut. „Dabei hab ich auf *sie* und nicht *sie* auf *mich* aufgepaßt!
„Erzähl!" sagt die Mama zu Helmut. „Was hat die Tini alles gemacht?"
„Die Tini? Also *ich* hab mit der Tini gespielt. Dann hab *ich* ihr zu Trinken gegeben... Ich hab halt auf sie aufgepaßt. Sogar einen Stachel hab *ich* ihr aus der Hand ziehen müssen!"
„Einen Stachel?" Die Mama und der Papa schauen ihn erschrocken an.
„Die Tini hat sich am Kaktus in die Hand gestochen." Helmut erzählt die Sache mit der Pinzette. Er übertreibt ein bißchen.
„Es ist vielleicht doch noch zu schwer für dich, auf die Tini aufzupassen", sagen die Eltern. „Aber das mit der Pinzette hast du gut gemacht. Bravo, Helmut!"
Die Eltern schauen die Tinihand an. Sie drücken jeder einen Kuß auf die Stelle, wo der Stachel gesessen hat.

„Obwohl es doch gar nicht mehr weh tut!" denkt Helmut. „Und wer gibt *mir* für den Schreck einen Kuß?"

„Wir haben dir auch was mitgebracht! Fürs Aufpassen!"
Die Mama zieht ein dickes Comic-Heft aus der Tasche.
„Fein", sagt Helmut. „Danke."
Jetzt nimmt die Mama die Tini auf den Schoß. Sie streichelt sie. Sie wiegt sie hin und her.
Auf Mamas Schoß zu sitzen und gestreichelt zu werden, ihre Haut zu riechen und ihr Haar zu spüren! Das wäre Helmut jetzt lieber als das Comic-Heft. Beides zu haben, wäre natürlich noch schöner. Die Mama und das Heft!
Aber für zwei ist kein Platz auf Mamas Schoß. Außerdem ist der Helmut schon ein großer Helmut.
Einer, der nicht mehr auf Mamas Schoß sitzt.
Einer, dem die Eltern schon zutrauen, ein Babysitter für die Tini zu sein.
Helmut seufzt: Man müßte es sich aussuchen können, wann man klein und wann man groß ist.

Helmut läßt die Mama mit der Tini und dem Papa allein.
Er nimmt sein Heft und legt sich auf sein Bett.
Er gräbt das Gesicht in seinen Polster. Manchmal ist der Polster sein bester Freund.
Manchmal ist der Polster auch die Mama. So wie jetzt.
Helmut läßt das Comic-Heft vom Bett gleiten. Mit der Wange drückt er eine Mulde in den Polster. Er hält den Polster fest. So fest, daß auch keine noch so winzige, klitzekleine Tini dazwischen kann.

Eleonore Zuzak
Wann du willst

„Mama, ist die Tante Frieda wirklich blind?" fragt Robert. Die Mutter kommt aus der Küche und schaut ihr Kind erstaunt an. „Wie kommst du *darauf*?"
„Weil sie alles sieht", antwortet Robert.
„Was alles?" will die Mutter wissen.
„Vorige Woche", erzählt Robert, „da habe ich ein kleines bißchen gelogen und bin rot geworden. Die Tante Frieda hat mich angeschaut und gesagt: ‚Du bist ja rot geworden! Hast du mich angelogen?'"
„Das war mir unangenehm", sagt Robert.
„Daß du gelogen hast?" fragt die Mutter.
„Daß es die Tante Frieda bemerkt hat", sagt Robert.
Die Mutter ist mit dieser Antwort nicht zufrieden. Das sieht man ihr an. Aber sie sagt es nicht. Sie fragt weiter: „Was hat die Tante Frieda noch gesehen?"
„Daß ich größer geworden bin", sagt Robert. „Dem Onkel Gustav ist das noch nie aufgefallen. Die Tante Frieda streicht mir nur einmal

kurz über den Schopf und weiß es. Ist das nicht unheimlich, wo sie doch blind ist?"

„Das ist gar nicht unheimlich", sagt die Mutter. „Das ist eine ganz natürliche Sache. Blinde Menschen haben einen besonders feinen Tastsinn. Sie sehen sozusagen mit der Hand."

„Aber sie sieht auch Dinge, die sie nicht berührt", sagt Robert.

„Was zum Beispiel?" fragt die Mutter.

„Zum Beispiel meinen Vorderzahn", antwortet Robert.

„Deinen Vorderzahn?" staunt sie.

„Ja", sagt Robert. „Kein Wort habe ich vorige Woche davon gesagt, daß ich Zahnschmerzen habe. Trotzdem hat es die Tante Frieda gewußt. ‚Beim Vorderzahn', hat sie gesagt, ‚tut es besonders weh.'"

„Verstehst du das, Mama? Wieso sieht sie alles?" fragt Robert.

„Weil blinde Menschen spüren und fühlen, was sie nicht sehen können", antwortet die Mutter.

„Ich finde es trotzdem unheimlich", sagt Robert. „Ich habe schon geglaubt, daß die Tante mit dem Blindsein schwindelt."

„Nein, die Tante Frieda ist wirklich blind", sagt die Mutter.
„Wieso ist sie dann nie traurig?" fragt Robert. „Immer macht sie ein fröhliches Gesicht."
„Sie freut sich, daß du sie besuchen kommst", sagt die Mutter. Dann geht sie zurück in die Küche.
Robert bleibt im Zimmer. Er nimmt sich ein Buch aus dem Regal und beginnt zu lesen. Aber er kommt nicht recht weiter damit. Es fehlt ihm etwas. Es wundert ihn etwas. Er wartet auf etwas. Die Mutter hat heute noch nicht gesagt: „Robert, du mußt zur Tante Frieda gehen und fragen, ob sie etwas braucht."
Robert hat ja nichts gegen die Tante Frieda. Die Tante Frieda gefällt ihm sogar irgendwie. Nur: daß er sie zweimal oder manchmal auch dreimal in der Woche besuchen *muß,* das gefällt ihm schon viel weniger.
Aber, da es schon sein *muß,* hätte er wenigstens wissen wollen, *wann* es diesmal sein muß. Jetzt oder später? Oder erst morgen?
Robert legt das Buch aus der Hand und fragt laut in Richtung Küche: „Mutter, wann soll ich denn wieder zur Tante Frieda gehen?"

„*Wann* du willst!"
Hatte das die Mutter soeben wirklich gesagt? Robert läßt die WANN-DU-WILLST-ANT-WORT im Mund wie Schokolade zergehen. Dann denkt er nach.
„Wie weiß ich denn überhaupt, *wann* ich will, Mama?"
„Du mußt dich selbst fragen, Robert", sagt die Mutter.
„Mich selbst fragen? Ja, kann ich das? Muß man das auch lernen? Aber das waren ja schon drei Fragen an mich", bemerkt er. Er hat noch keine Ahnung, was er sich selbst antworten soll.
Soll er vielleicht sagen: „Ich gehe überhaupt nicht mehr zur Tante Frieda!"? „Nein, das werde ich ganz bestimmt nicht sagen", überlegt Robert. „Das wäre unanständig. Die Tante Frieda braucht mich doch."
Robert überlegt, was schwieriger ist: Das Machenmüssen oder das Selberwollen. Momentan findet er das Selberwollen viel, viel schwieriger.
Robert hat keine Ahnung, wie das ist, wenn man eine bestimmte Sache nicht zu einer ganz bestimmten Zeit machen muß. Robert

ist neugierig, wie das ist, wenn man etwas macht, weil man es machen will, gerade jetzt, und zu keiner anderen Zeit. Robert ist so neugierig, wie das ist, daß er sich entschließt, sofort zur Tante Frieda zu gehen. Alles andere liegen und stehen zu lassen und die Tante Frieda zu besuchen. Ohne Ankündigung. Er bittet die Mutter, nichts zu verraten. Er will die Tante Frieda überraschen.

Unterwegs denkt er: „Wird sie mir ansehen, daß ich heute freiwillig komme. Wird sie bemerken, daß etwas ganz Außergewöhnliches geschehen ist? Wird sie sich freuen, so wie ich?"

Die Tante Frieda empfängt Robert, wie immer, mit einem fröhlichen Gesicht und einem freundlichen Lächeln.

„Ist sie nicht überrascht? Schade, daß ich nicht Gedanken lesen kann, wie die Tante Frieda", bedauert Robert.

Auf dem Tisch ist nicht, wie sonst, ein Teller, voll mit Bäckereien. „Der Überraschungsbesuch war also doch keine gute Idee", denkt Robert.

Die Tante Frieda nimmt einen Geldschein aus der Börse und sagt:

„Geh, bitte, zum Bäcker und kaufe für uns beide etwas Gutes."

„Was soll ich denn kaufen?" fragt Robert.

„Was du willst", sagt die Tante Frieda.

Schon wieder so ein Satz. „Ich soll beim Bäcker kaufen, was ich will?" denkt Robert.

Er geht sehr rasch zum Bäcker. Mit viel Vorfreude, aber auch mit ein wenig Angst. Wird die Tante zufrieden sein?

Robert schaut sich alles genau an, auch die Preise. Dann kauft er, was ihm gefällt. Aber er gibt nicht das ganze Geld aus.

Die Tante Frieda ist mit seinem Einkauf sehr zufrieden.

Das Restgeld darf er behalten.

Beim Abschied fragt ihn die Tante, wann sie seine Lieblingsbäckerei backen soll. Robert denkt eine Weile nach. Er möchte der Tante eine Freude machen. Plötzlich fällt ihm etwas ein: Er wird an die Tante weitergeben, was er heute entdeckt hat.

„Wann du willst!" sagt er.

Die Tante Frieda macht ein erstauntes Gesicht.

„Wenn du fortgehst", sagt sie, „werde ich gleich mit dem Backen beginnen."

Robert findet das lustig. Er hat die Tante Frieda besucht, weil er wollte. Nicht, weil er mußte. Und die Tante Frieda wird seine Lieblingsbäckerei backen, weil sie will, nicht, weil sie muß.

„Das Selberwollen ist eine schöne Sache", denkt er.

Inhalt

Volker Ludwig	Wir werden immer größer	5
Evelyne Stein-Fischer	Georg ist schon groß	6
Georg Bydlinski	Ein Haus am Nachmittag	11
Eleonore Zuzak	Alles wächst	12
Achim Bröger	Miststück mit Glitzerzahn	13
Evelyne Stein-Fischer	Der Apfelbaum	25
Susi Jahoda	Ich bin ein frecher Fratz	31
Mira Lobe	Die Wette	38
Georg Bydlinski	Andrea malt	39
Monika Pelz	Winz Willi Winzig	42
Georg Bydlinski	Das alte Haus / Doppelgeschichte	60
Renate Welsh	Der Straßenbahn-Drache	62
Monika Pelz	Das Gespenst mit zwei Köpfen	67
Georg Bydlinski	Vater-Mutter-Kind	78
Ingrid Lissow	Der grüne Affe Juliane	79
Josephine Hirsch	Erika wird erwachsen	98
Evelyne Stein-Fischer	Klein sein ist schöner	105
Eleonore Zuzak	Wann du willst	113